中国经典推荐书目举要

易欣悦　熊静　编

西藏人民出版社

图书在版编目（CIP）数据

中国经典推荐书目举要 / ; 易欣悦, 熊静编 . -- 拉萨 : 西藏人民出版社, 2022.9

（虎丘书院文库/王余光, 邱冠华主编 . 第三辑）

ISBN 978-7-223-07180-2

Ⅰ. ①中… Ⅱ. ①王… ②邱… ③易… ④熊… Ⅲ. ①推荐书目 – 中国 Ⅳ. ①Z835

中国版本图书馆CIP数据核字(2022)第099545号

中国经典推荐书目举要

总 主 编	王余光 邱冠华
编　　者	易欣悦 熊　静
责任编辑	李海平 张世文
封面设计	格次
出版发行	西藏人民出版社（拉萨市林廓北路20号）
印　　刷	苏州彩易达包装制品有限公司
开　　本	890 × 1240　1/32
印　　张	12.875
字　　数	213千
版　　次	2024年8月第1版
印　　次	2024年8月第1次印刷
印　　数	2000册
书　　号	ISBN 978-7-223-07180-2
定　　价	48.00元

《虎丘书院文库》总 序

在多方的共同努力下,《虎丘书院文库》第三辑又将与读者见面了。回顾《文库》走过的历程,从2014年底开始筹划《虎丘书院文库》的编撰事宜,迄今已有三辑15册先后问世,从第一辑《经典的力量》,第二辑《传承的力量》,再到今天的第三辑,在虎丘书院投资人的鼎力支持下,《虎丘书院文库》已经形成了一定的规模和品牌效应。通过《文库》的编撰,虎丘书院与作者团队在"促进经典共读,传承中华文明"方面的构想正在逐步得以实现。我们相信,随着第三辑的正式出版,《虎丘书院文库》会越办越好,能够更加广泛地激发人们对中华传统经典的兴趣,进而主动参与到《文库》建设中来,形成一批经典阅读的优秀成果,为虎丘书院的发展以及构建全民阅读的书香社会做出贡献,这也是我们策划这套书的初衷。

苏州古城,向称人文渊薮。据学者考证,自南宋和靖书院以来,书院林立,仅清一代就建成各类书院53座。书院推动了苏州的教育,培养了大量人才,繁荣了苏州的文化。虎丘山麓,钟灵毓秀，自古以来便是文人雅集、诗歌酬唱之所，有着悠久的历史底蕴和文化积累。2012年，虎丘书院正式设立，以传承苏州文脉、弘扬国学经典为己任，以培训、讲座、故事、图书借阅等多种形式向市民提供免费服务，同时，书院投资人邀请笔者为书院的学术研究出点力，有感于他回馈乡邦的热忱，笔者欣然从命，这是《文库》编撰之缘起。

虎丘书院设立的初衷，一方面是为了延续虎丘地区千载以来的文脉传承，恢复虎丘山麓的历史文化风貌。另一方面，也是更为重要的，是希望通过书院的建设和相关工作的开展，弘扬和传承中华文化，以重振国学为宗旨，支持学者、爱好者从事国学方面的学习和研究，开展国学教育、国学交流等公益文化事业。书院建成以来，已经举办了一系列针对不同受众群体的研习活动，如面向学龄儿童的《弟子规》诵读班和“知心姐姐故事会”、面向大众的《黄帝内经》讲习班和“红学研习班”、面向较高文化层次人群的易经、太极文化研修班等。在学习和授课的过程中，我们经常得到这样的反馈，那些对传统文化、古代经典感兴趣的人们，常常面临阅读方面的困惑。读什么？怎么读？是在交流过程中最常被提出的问题。正是鉴于这种情况，虎丘书院投资人与笔者一起策划出版《虎丘书院文库》，分批分层次地推出一批中外经典导读书籍，为好学者研读中外经典著作提供帮助。

二

虎丘书院建设和运行的投资者,是苏州当地的一家民营企业。企业建设书院、开展公益服务,甚至不愿被人知晓企业的名称,常常被人质疑企业举办书院的目的,以及传承国学经典与企业经营之间的关系。

人的本质是一切社会关系的总和,不论是独立的个人,还是机构或企业,在生存和发展的过程中会与社会环境互相影响。企业投资开办虎丘书院是希冀通过履行社会责任,营造良好的社会环境,社会环境越好,越有利于企业的生存和发展。而所谓的社会环境,其根源来自于这个国家、民族所有的传统文化,也就是说,历史总是在不经意间,以各种各样的方式影响着现在。所以,不了解历史,不能领会传统文化的精髓,也就难以正确地处理今天所面临的现实事务。古往今来,先贤们已经从多个角度阐释过这个道理,“疑今者察之古,不知来者视之往”(《管子·形势》),强调了要古为今鉴;“死亡的历史会复活,过去的历史会变成现在”(克罗齐),阐明了历史与当下的辩证关系;“回顾得越远,可能前瞻得越远”(丘吉尔),提出了回顾历史的现实价值。

可见,一个民族、国家的传统和历史,并不只存在于书本纸张之上,而是在我们日常的一言一行中发挥着作用。甚至具体到商业运作上来说,传统经典的作用也是不能被忽视的。早在先秦典籍之中,古人就已经总结出了许多国家治理和事务管理的有效经验，时至今日也没有过时，展卷细读，仍可从中感受华夏先民的智慧之光。比如，《周易·系辞》说“天之所助者，顺也；人之所助者，信也”，强调为人处世必须顺应大道，诚实守信。《孙子兵法·虚实》中说：“兵无常势，水无常形，能因敌变化而取胜者，谓之神。”告诉我们在商战经营中要审时度势，正确地做出决定。类似的经验之谈在古代典籍中俯拾皆是，对于生产、经营都有很高的指导价值。

上面谈到了历史经验和传统文化对现实生活的价值和意义，那么，作为一个普通人，我们应该如何了解和领悟历史之美呢？最简单、也最有效的方法，莫过于阅读传统经典。流传至今的古代经典著作，经过了数千年历史的考验，是古人智慧的结晶，而阅读则是沟通古今的桥梁。在今天这样一个信息爆炸的时代，为什么还要阅读传统经典？笔者认为，至少有以下三个方面的原因。

首先，中国古代有着非常悠久的阅读历史，并且形成了经典崇拜的阅读传统。在物质资源还不丰富的古代，古人读书往往要通过手抄默诵的手段，书籍得来不易，读书人都格外珍惜，因此留下了许多勤学苦读的动人故事。除了书籍本身的贵重，书已经成为了古代读书人生活中不可缺少的部分，明代的一位学者就曾说过：“可无衣、可无食，不可以无书”。古人爱书、读书，甚至到了嗜书如命的地步，除了追求广罗善本、插架琳琅，还十分重视总结各种读书经验和读书方法，对于我们今天阅读传统经典具有广泛地指导意义。在阅读内容方面，自古以来，中国人就十分强调阅读经典,《隋书·经籍志》说:“夫经籍也者,机神之妙旨,圣哲之能事,所以经天地,纬阴阳,正纪纲,弘道德,显仁足以利物,藏用足以独善”。足见经典在古人心中的分量。而后的历朝历代,虽然经典的定义在随着时代发生变化,但经典一直是人们读书的基本选择。

其次,阅读经典是完善个人修养,提高教养的重要方式。“修身、齐家、治国、平天下”,是中国古人追求的完美的人生进境。修养自身,是为人处世的第一步。而阅读则是提高个人修养,培养教养所必不可少的手段。1923年,梁启超先生在《治国学杂话》中就提出,中国的学人有必要读一些传统经典。1925年,《京报副刊》组织了一场“青年爱读书”“青年必读书”各十部的征求活动,收到了当时最为著名的70余位学者的响应,开列了相关书单。可见,阅读经典的作用得到了学者们的一致认可。而我们为什么要重视经典阅读?除了文化传承的意义而外,经典凝结了数千年来中国人的人生经验,囊括了为人处世的方方面面,通过阅读前人的经验,可以让现在的人们在人生的道路上少走弯路,可以培养我们健全的人格,善良的心灵。

第三,传统经典可以为我们提供处理人际关系、社会事务的各种方法和经验。经典是前人知识的宝库,正如苏轼在《李氏山房藏书记》中所说:“用之而不弊、取之而不竭,贤不肖之所得各因其才,仁智之所见各随其分,才分不同而求无不获者,惟书乎!”今天我们在社会生活中遇到的种种问题,求诸经典,往往能够得到令人耳目一新的答案。古代典籍,本身也源自于古人对生活和实践经验的总结。这些经验和教训对于处理今天的社会事务也是同样适用的。

三

前面我们总结了经典阅读的作用和价值,在当今的社会环境下,人们并非没有认识到传统经典的价值,而是苦于没有好的阅读方法和阅读指导。针对这种情况,2014年底,虎丘书院投资人与笔者协商,希望编撰一套为国学爱好者提供传统经典阅读方面指导和建议的丛书。根据笔者多年从事中国传统经典阅读教学和经典阅读推广工作的经验,由于古代汉语教育的缺失,当今的读者,特别是青少年读者在阅读传统经典方面普遍存在语言障碍。因此,我们策划的这套《虎丘书院文库》,涵盖了推荐书目、原典注释、全本导读等系列书系,在选题策划和组织撰写的过程中,充分考虑读者对象的实际需求,引入分级阅读的理念,争取建立一套立体的、全方位的传统经典释读体系,将《文库》打造成为本领域的著名品牌。

2016年春节后,《虎丘书院文库》第一辑《传承的力量》出版。该书由虎丘书院投资人委托北京大学王余光和苏州图书馆邱冠华组织团队编撰完成。《传承的力量》一套五本,是古代经典名著的选注本。分主题从先秦至清代的典籍中,选择最能代表传统文化精髓的名篇，寻章择句，确定选文；在此基础上，提供注释和翻译。在内容方面，选取了与为人处世关系最为密切的五个主题：修身立德、读书治学、治家教子、安身处世、为官从政，各成一册。每个分编下，又细分出六至八个小类，译文以“信”为主，兼顾“达、雅”。每册正文前有编译者撰写的导言，介绍本编内容、选文出处、分类情况等。

第一辑推出后，取得了较好的反响。2016年初，按照《虎丘书院文库》的整体策划，启动了第二辑的编撰工作，仍由王余光和邱冠华担任主编。第二辑《经典的力量》，采用全本导读的形式。从中国古代瀚如烟海的经典著作中，分主题选择了100本得到人们广泛认可，流传时间长，影响巨大的作品，为之撰写导读，分为：《中国思想与宗教经典导读》《中国政治与文化经典导读》《中国艺术与科技经典导读》《中国史学经典导读》《中国文学经典导读》五册，每册收书20种。

第二辑正式出版后，在王余光、邱冠华先生的总体策划下，第三辑的编撰工作随即启动。考虑到前两辑以选本、要籍导读为主，收书数量有限，不便读者根据兴趣进行拓展阅读。第三辑以推荐书目为主，广泛收集了20世纪以来中外经典推荐书目，并对其分类整理，汇为一编，希望对读者全面了解中外经典，扩大阅读量，提升阅读能力有所裨益。儿童时期是阅读习惯形成的关键阶段，儿童阅读推荐书目也是近年来广受家庭、社会关注的一类书目，在对近年来权威机构、知名专家发布的儿童推荐书目进行调研整理的基础上，按照年龄段，对各阶段适读书目进行了汇总。推荐书目的内容，往往折射阅读行为与习惯的时代变迁，一定时期内人们关于传统经典的认知、社会观念、人文思潮都会对此类书目产生重要影响，而作为一种导读书目，经典推荐书目的内容又反过来受到读者阅读能力、习惯的制约。因此，从提高书目编制技术，使其更好地服务于全民阅读工作的角度，我们需要对阅读的历史、阅读的时代变迁、阅读文化等问题展开深入研究。从全民阅读文化战略的角度，图书馆是阅读推广工作的主阵地、主力军，而经典阅读推广又是图书馆阅读推广的重中之重，如何借助图书馆的平台和资源优势，整合各方力量，更好地开展经典阅读推广工作，也是理论和实践界的共同使命。上述问题是本科研团队长期关注的话题，为了给书目编制、经典阅读推广工作提供理论支撑，我们将近10年来本团队相关方面的论著进行了汇编整理，以飨读者。

按照上述编撰思路，《虎丘书院文库》第三辑由以下五册构成：《中国经典推荐书目举要》《外国经典推荐书目举要》《少儿适读书目举要》《中国阅读文化新论》《图书馆与经典阅读推广》。由于作者水平有限，疏漏之处在所难免，衷心地希望读者朋友多提宝贵意见，帮助我们不断完善。

最后，在本辑即将面世之际，笔者谨代表作者团队向虎丘书院投资人一直以来的信任和支持致以谢忱。同时，特别感谢西藏人民出版社对经典阅读推广工作的热情，该社藏文编辑部主任才让多杰先生，为本书的顺利出版付出了大量的心血。全民阅读工作的推进和书香社会的建设，离不开社会各界的共同努力，在此一并表示谢意。

中华民族是一个尊重历史、崇尚古训的民族，传统经典在中国人的生活中占据了不可替代的位置。阅读经典可以使人明理，可以培养我们知人阅世的能力，是滋养内心的养料，是让我们心灵强大的源泉，这是阅读的力量，也是经典传承的意义。

是为序。

王余光 邱冠华

2022年10月12日

目　录

前言

经典阅读，是中华民族重要的文化传统。古人认为，“经也者，恒久之至道，不刊之鸿教也。(《文心雕龙·宗经》)”，专指那些神圣的，可以作为依据的重要文献。而阅读经籍，则可以“经天地、纬阴阳、正纪纲、弘道德，显仁足以利物，藏用足以独善(《隋书·经籍志》)”，通晓天地万物的学问，进而达到修己及人，经世致用的目的，因此“学之者将殖焉，不学者将落焉”。正是在这种经典崇拜的文化心理支配下，古人尤其重视经典的阅读，并将其作为家风传承的重要内容。唐柳宗元《送内弟卢遵游桂州序》说：“浸润以《诗》《易》，动摇以文采。”李华《与外孙崔氏二孩书》云：“汝等当学读《诗》《礼》《论语》《孝经》，此最为要也！”清人朱柏庐在《劝言》中也说：“若能兼通六经及性理、《纲目》《大学衍义》诸书，固为上等学者。不然者，亦只是朴朴实实，将《孝经》《小学》、四书本注，置在案头。常自读，教子弟读，即身体而力行之，难道不成就好人？”都将经典阅读作为了人生启蒙课，教导子弟读书立志，从经典中汲取为人处世的力量。

然而，我国历史悠久，经典著作数量众多且内容艰深，对于初学者来说，对阅读指导的需求就十分迫切了。出于家庭、学校教育，科举考试等方面的需要，推荐书目作为最重要的一种经典阅读指导方法，很早就在我国出现了。现在我们见到的最早的推荐书目是唐代敦煌文献中被后人命名的“唐末士子读书目”（敦煌遗书伯2171号）。元初学者程端礼（1271-1345）在南宋朱熹读书法基础上，总结历代书院、家庭教育阅读经验，编成《程氏家塾读书分年日程》三卷，制定了具体的读书计划以及相应的阅读内容。书中详列应读书目和读书次序，读书内容重在经、史和理学著作。元朝国子监曾将该书颁布郡县官学，成为学子读书的准绳，及至明清，读书目对书院教育及读书人仍有一定的影响。明末陆世仪在《思辨录》中，曾为青少年开列了一个阅读书目。他认为：“书籍之多，千倍于古，学非博不可，然汗牛充栋，将如之何？偶思得一读书法，欲将所读之书，分为三节，自五岁至十五岁为一节，十年诵读；自十五岁至二十五岁为一节，十年讲贯；自二十五至三十五为一节，十年涉猎。使学有渐次，书分缓急，则庶几学者可由此而程功，朝廷亦可因之而试士矣。所当读之书，约略开列于后。”将五至三十五岁分为三个读书阶段，分别推荐该阶段应读之书。

清康熙年间，李颙口授，门人李士瑸手录的《读书次第》，是我国较早的一部专门指导读书治学的书目。此后，龙启瑞于道光年间撰《经籍举要》，为学子开列经、史、子、集四部典籍要目，以程朱理学为宗旨，推崇考据和桐城古文。光绪初年，张之洞应诸生“应读何书，书以何本为善”相问，根据当时情况，挑选两千二百余种图书，编成《书目答问》一书，以指示诸生治学门径，该目是我国历史上最有影响力的国学推荐书目。

19世纪后半叶以来，随着西学东渐的深入，有志救国的知识分子努力探索救亡图存之路，希望以西方思想改造中国社会，以科学方法条理中国学问，其中的不少人将矛头对准了中国传统文化。科举制度的废除，白话文和学校教育的推行，客观上也让传统经典与读书人渐行渐远。青年人阅读传统文献的能力在持续下降。关于要不要读中国经典？应当读哪些中国书？引起了文化界的长期争论，代表事件就是胡梁“国学书目之争”和《京报副刊》“两大征求”活动。有趣的是，不管论战双方对传统经典持何种态度，推荐书目都是其最重要的论争工具。双方都将推荐书目作为了表达观点，影响青年学子的桥梁，由此亦反证了推荐书目在指导阅读方面的优越性。

20世纪以来，学者根据社会的实际情况，开列了一系列有关中国古代典籍的推荐书目。其中比较知名的有：梁启超的《国学入门书目》（简称梁目）、胡适的《一个最低限度的国学书》（简称胡目），及章太炎、汪辟疆等人的书目。20世纪后半期，推荐书目的编制得到了一定的发展。根据不完全统计，1951年至1955年，全国就有70余种推荐书目出版。1952年北京图书馆编制的《中国古代重要著作选目》较有影响。1961年，教育部门为大学主要专业编制的一系列推荐书目，为大学生读书钻研提供了方便。80年代以后，各种不同类型的推荐书目不断涌现，对广大读者的读书活动起到了积极的作用。进入90年代，精神文明建设受到重视，教育部门也开始大力提倡素质教育。素质教育的重要一环就是人文精神的培育，最直接的手段就是在各年龄段铺开人文经典教育。因应时代需求，一些重点大学如武汉大学、北京大学、清华大学先后推出官方的推荐书单。2000年以后，阅读更加个性化和分众化，推荐书目的主体更加多元，推荐书单也越来越专业。除了传统媒体推荐书单，还出现了网络推荐书单，如各大门户网站的读书频道、读书社区、博客、微博、微信圈等，许多读者基于共同的阅读兴趣会自发地在网络上分享、交流个人的阅读书单。针对不同群体和职业的分众推荐书目也开始出现，如针对幼儿、青少年、女性、IT工作者、企业家、党政工作者、教师等群体。推荐书目涉及的领域更加广泛，与经济、社会的结合更加紧密。

以上我们对20世纪来中国传统经典推荐书目的发展情况进行了回顾，历史的经验充分说明，经典推荐书目是读者接触经典的主要渠道，也是经典阅读推广的重要形式。除了指示阅读门径，经典推荐书目的内容变化还能起到折射阅读行为与习惯时代变迁的作用。在这一领域，北京大学信息管理系王余光教授及其团队做了大量有益的探索。1999年，在《名著的选择》（云南人民出版社)第二部分"书的选择与名著排行榜",对20世纪中外经典推荐书目进行了统计分析,分"中外名著"罗列了诸家书目中排名靠前的作品。《中外推荐书目一百种》(陕西师范大学出版社,2001)收录了中国现当代名家导读书目43种,其中的绝大部分属于传统经典推荐书目。王余光教授在对20世纪中国经典导读书目的发展情况进行介绍后,将这些书目所收著作归纳为八类,认为从经典推荐情况来看,体现了两方面的特征:一类经典拥有持续的生命力;而另一类经典则随时代的变化而变化,经典推荐书目也折射出传统经典阅读倾向的发展变化。

21世纪以来,借"国学热""传统文化热"的东风,中国传统经典推荐书目发展迅速,书目数量众多,类型多样,传播方式发生了根本性变革,对全民阅读、文化传承起到了很好促进的作用。在大力弘扬优秀传统文化,倡导全民阅读的时代背景下,民众经典阅读的兴趣被重新激发,对于经典推荐书目的需求也越来越迫切。为了充分发挥推荐书目在经典阅读推广中的重要作用,促进相关领域的研究,我们拟延续《中外推荐书目一百种》的工作,将20世纪以来重要的中国经典推荐书目汇为一编,在为读者阅读经典提供指引的同时,为相关领域的研究提供资料支撑,促进书目编制和推荐书目工作水平提升,以期更好地服务于全民阅读工作。与近百年前相比,今天的中国,社会环境发生了根本性变革。特别是近20年来,随着信息技术的进步,一个媒介融合的新时代已经到来，推荐书目的主体、对象、推荐内容也随之发生了深刻变化：推荐主体日益多元，分众阅读的观念深入人心，新媒体传播手段广泛应用，家庭阅读受到特别重视。从推荐者角度来说，知识传播的扁平化、去中心化趋势日趋明显，在全民阅读工作持续推进的背景下，社会力量参与阅读推广成为新“时尚”。从载体形态的角度，传统纸质版的推荐书目，越来越多地被数字化文本取代，与之相应的是以微博、微信、知乎、豆瓣、抖音等新媒体平台为主的传播渠道。从推荐对象的角度，细分读者群体，根据不同读者群的阅读能力、阅读需求进行针对性推荐的书目越来越受到欢迎。

为了更好地反映这种趋势，给读者的经典阅读提供指引，我们首先对中国经典推荐书目的概念进行了界定：中国经典推荐书目，就是面向读者群体开列的、由中国经典著作构成的阅读书单，其可以是专门书目，也可以是从综合性书目中截取的中国经典部分。鉴于古代推荐书目数量相对较少，而且大部分已被多次披露，故而本次资料收集的时间断限为20世纪以来。按照上述定义，我们通过线上、线下两种渠道，广泛收集各类经典推荐书目出版物，以及发布在微博、微信、各类型门户网站上的数字推荐书目，并对收集来的书目进行了规范化处理，使之符合本书对中国经典推荐书目的界定。最后，参考《中外推荐书目一百种》的分类方法，结合目前分众推荐的趋势，将收集来的书目分为：近代名家推荐书目、当代重要导读书目、出版社推荐书目、面向大众的导读书目、面向青年的导读书目、人生必读书目、影响中国的书、影响世界的书8种类型。每类下引用名人关于读书的名言作为题记，每种书目前均撰写了简单的书目提要，以帮助读者更好地了解书目的主要内容和适用对象。需要特别说明的是，由于本书体例的限制，收录的书目仅收中国经典部分，如一种书目同时推荐了中外著作，则只摘录其中中国书的部分。

当前，在大力弘扬中华民族优秀传统文化的时代强音下，中国古代经典在建立文化自信、传承中华文明方面的作用得到了前所未有的重视，国学书目也因此迎来了又一个“黄金时代”。历史在此仿佛经历了一次循环，而这也再次雄辩的证明：真正的经典，拥有永恒的生命。推荐书目作为经典阅读推广中历史最悠久、使用最广泛的一种方式，一直受到推荐者和读者的重视。本书收录的仅是20世纪来影响较大、受众面较广的部分书目，受资料收集条件的限制，难免有挂一漏万之处，诚请读者批评指正。希望本书的编撰，能够对经典阅读推广工作稍有裨益，给读者阅读中国经典带来一些实际的帮助，让中国经典的力量代代相传、历久弥新！

一、近代名家推荐书目

经典著作导读的目的是引发读者对著作本身的兴趣。如果读者能够从导读中体会到著作本身的魅力,然后去阅读著作的原初文字,那么,经典本身的魅力会在人的精神和人格上产生一种超越,一种支撑,一种理性的沉淀。让我们在人生的历程中运用经验和理性去作出抉择。

——《经典品读》

1. 胡适开列的《中学国故丛书》目录

胡适(1891~1962),早年留学美国,1917年回国任北京大学教授,1946年任北京大学校长,1962年病逝于台湾。著有《中国哲学史大纲》(上卷)、《尝试集》等。

1920年,胡适开列了《中学国故丛书》目录,列举古籍31种,以备中学生阅读。

《诗经》
《战国策》
《论语》
《庄子》
《荀子》
《楚辞》
《淮南子》
《论衡》
《左传》
《老子》
《墨子》
《孟子》
《韩非子》
《元曲选》
《史记》
《汉书》
《明曲选》
杜甫
白居易
陶渊明
李白
韩愈
柳宗元
王安石
陆游
辛弃疾

关汉卿
杨万里
欧阳修
马致远
朱熹

2. 胡适开列的《实在的最低限度的书目》

1923年胡适应清华学校学生之请，开有《一个最低限度的国学书目》，收录图书约190种，后来根据它修订精简成《实在的最低限度的书目》。

书目答问/张之洞
九种《纪事本末》
老子/老子
墨子闲诂 /(清)孙诒让
元曲选一百种/臧懋循
缀白裘/(清)玩花主人
西游记/吴承恩
淮南鸿烈集解 /刘安
中国人名大辞典
中国哲学史大纲/胡适
四书
韩非子/韩非
周礼
佛遗教经/迦叶摩腾、竺法兰等译
阿弥陀经
宋元学案/黄宗羲
王临川集/王安石
王文成公全书/王守仁
章实斋年谱/胡适
新学伪经考/康有为
左传/左丘明
乐府诗集/郭茂倩

宋诗钞/吴之振，吕留良，吴自牧编

论衡/（东汉）王充

法华经/鸠摩罗什译

坛经/惠能

明儒学案/黄宗羲

朱子年谱/（清）王懋竑

清代学术概论/梁启超

崔东壁遗书/崔述

诗集传

文选/萧统

全唐诗/彭定求等

宋六十家词/（清）毛晋

宋元戏曲考/王国维

水浒传/施耐庵

儒林外史/吴敬梓

红楼梦/曹雪芹

荀子集注

3. 梁启超开列的《最低限度之必读书目》

梁启超（1873～1929），近代思想家。年轻时从师康有为，师徒力主变法维新，时称“康梁”。“戊戌政变”后，梁启超逃亡日本，晚年讲学于清华学校等，曾任北平图书馆馆长。长于史学，颇多建树。著有《中国近三百年学术史》、《清代学术概论》等。

1923年梁启超应《清华周刊》记者之约，拟就《国学入门书要目及其读法》，约160种。后来他又为“校课既繁、所治专门”的青年学生精简此书目，开列出《最低限度之必读书目》。

四书

书经（即尚书）

礼记/戴圣
老子/老子
易经
诗经
庄子/庄子
韩非子/韩非
史记/司马迁
后汉书/(魏晋)范晔
荀子/荀子
战国策
左传/左丘明
墨子/墨子
汉书/班固
三国志/陈寿
资治通鉴(或通鉴纪事本末)
宋元明史纪事本末
楚辞
李太白全集/(唐)李白
韩昌黎集/(唐)韩愈
白香山集/(唐)白居易
文选/萧统
杜工部集/(唐)杜甫
柳河东集/柳宗元

4.章太炎开列的《中学国文书目》

章太炎(1869～1936),名炳麟,号太炎。著名经学大师、思想家,毕生注重和热爱民族传统文化,著有《章氏丛书》等。

1924年,章太炎在《华国月刊》上发表《中学国文书目》,列书39种,他认为"凡习国文,贵在知本达用,发越志趣,空理不足矜,浮文不足尚也。中学诸生,年在成童以上,记诵之力方强,博学笃志,将从此始。若导以恑奇,则终身无就。"

尚书孔传
周礼郑注/郑玄
史记/司马迁
续通鉴/(清)毕沅
清五朝东华录/(清)魏源
庄子郭象注/(西晋)郭象
韩非子/韩非
诗毛传郑笺
春秋左传杜解/杜预
资治通鉴/司马光
明通鉴/夏燮
老子(王弼注)
二程遗书/程颢,程颐
颜氏学记/(清)戴望
续古文辞类纂/(清)黎庶昌
唐诗别裁/(清)沈德潜
说文解字注/段玉裁
广韵/(宋)陈彭年等
世说新语/刘义庆
困学纪闻翁注/王应麟
十驾斋养新录/钱大昕
中华民国刑律
清服制图
申鉴/(东汉)荀悦
文中子/王通
吕氏春秋(高诱注)
中论/龙树
颜氏家训/颜之推
说文句读/王筠
尔雅义疏/郝懿行
经传释词/王引之
梦溪笔谈/沈括
王文成公全书/王守仁
古文辞类纂/姚鼐
古诗源/沈德潜
日知录(黄释)
中华民国宪法
仪礼·丧服篇
荀子(杨注)

5. 顾颉刚为有志研究中国史的青年开列的书目

顾颉刚(1893~1980),中国历史地理学和民俗学的开创者,也是现代古史辨学派的创建人。1920年毕业于北京大学,先后在北京大学、复旦大学等校任教。编著有《古史辨》、《尚书通检》等。

1925年顾颉刚开列了一个包含有14种书的“有志研究中国史的青年可备闲览书”的目录。

山海经
世说新语/刘义庆
大唐西域记/(唐)玄奘
宋元戏曲史/王国维
徐霞客游记/徐宏祖
西秦旅行记
梁武石室画像
洛阳伽蓝记/(北魏)杨衒之
唐人说荟
元秘史(即蒙古秘史)
陶庵梦忆/(清)张岱
桃花扇/(清)孔尚任
南洋旅行记

6. 汪辟疆开列的国学纲领书(节选)

汪辟疆(1887~1966),中国现代文学史家、目录学家。著有

《目录学研究》等。

1926年，汪辟疆列举了国学基本书135种，其中“纲领之部”30种，认为这30种书是了解群籍、阅读经传诸子、考论学术流别及经书、史书、文学书、哲学书之纲领。

汉书·艺文志/班固

隋书·经籍志/（唐）魏征等

四库全书总目提要·序录/纪昀等

古今伪书考/（清）姚际恒

校雠学纂微/孙德谦

经传释词/王引之

古书疑义举例/（清）俞樾

经义述闻·通论/（清）王引之

经典释文·叙录/（唐）陆德明

经学历史/皮锡瑞

经学通论/皮锡瑞

今古学考/廖平

文史通义/章学诚

名微/张采田

史通/（唐）刘知几

中国历史研究法/梁启超

文心雕龙/（南朝齐梁间）刘勰

诗品/（南朝齐梁间）钟嵘

沧浪诗话/严羽

文学研究法/姚永朴

词源/（南宋）张炎

宋元戏曲考/王国维

顾曲麈谈/吴梅

中国小说史略/鲁迅

哲学概论/陈大齐

东西文化及其哲学/梁漱溟

中国哲学史大纲/胡适

清代学术概论/梁启超

清代学者整理旧学之总成绩/梁启超

7. 鲁迅开列的学习中国文学的书目

鲁迅(1881 ~ 1936),原名周树人,文学家。1902年留学日本,初学医,后弃医从文。1909年回国后一直从事教育和文学创作。先后任教于北京女子师范大学、中山大学、厦门大学等校。作品以《狂人日记》、《阿Q正传》等著名。

1930年,鲁迅为许世瑛开列了学习中国文学的书目,列书12种。

唐诗纪事/(宋)计有功
唐才子传/(元)辛文房
全上古三代秦汉三国六朝文/严可均
全汉三国晋南北朝诗/丁福保
历代名人年谱/(清)汪镇
少室山房笔丛/胡应麟
四库全书简明目录/阮元
世说新语/刘义庆
唐摭言/(五代)王定保
抱朴子外篇/葛洪
论衡/(东汉)王充
今世说/(清)王晫

8. 王云五开列的国学基本要籍

1929年,商务印书馆出版《万有文库》第一辑,收《国学基本丛书》100种;1934年,该馆又出版《万有文库》第2辑,收《国学基本丛书》300种。上述四百种国学基本要籍书目，是主编王云五根据以下十三种国学入门书目开列的，它们是：

1）龙启瑞《经籍举要》
2）张之洞《书目答问》
3）胡适《最低限度国学书目》
4）梁启超《国学入门书目》
5）李笠《国学用书撰要》
6）陈钟凡《治国学书目》
7）支伟成《国学用书类述》
8）章太炎《中学国文书目》
9）徐敬修《国学常识书目》
10）傅屯良《中学适用之文学研究法》
11）沈信卿《国文自修书辑要》
12）汤济沧《中小学国学书目》
13）吴虞《中国文学选读书目》

崇文总目/（宋）王尧臣
郡斋读书志/（宋）晁公武
直斋书录解题/（宋）陈振孙
四库全书总目提要/（清）永瑢等
四库未收书目提要/（清）阮元
清代禁书总目
郑堂读书志/（清）周中孚
书目答问/（清）张之洞
经籍举要/（清）龙启瑞
伪经考/康有为
阅藏知津/释智旭
道藏目录详注/白云霁
翁注困学纪闻/（宋）王应麟撰；（清）翁元圻注
古书辨伪四种/（明）宋濂等
日知录/（清）顾炎武
十驾斋养新录/（清）钱大昕
读书杂志/（清）王念孙
经义述闻/（清）王引之
东塾读书记/（清）陈澧
古书疑义举例/（清）俞樾撰；刘师培补
诸子平议/（清）俞樾

经学通论/(清)皮锡瑞
中国古代哲学史/胡适
周易集解/(唐)李鼎祚
周易姚氏学/(清)姚配中
四书章句集注四种/(宋)朱熹
论语正义/(清)刘宝楠
孔子家语/(清)陈士珂疏证
孟子正义/(清)焦循
荀子集解/(清)王先谦
孔丛子/(秦)孔鲋撰;(宋)宋咸注
新语/(汉)陆贾撰;(清)宋翔凤校
贾子新书/(汉)贾谊传;(清)卢文弨校
论衡/(汉)王充
新序/(汉)刘向撰;(明)何良俊校
说苑/(汉)刘向撰;(明)何良俊校
潜夫论/(清)王符撰;(清)王继培校
申鉴/(汉)荀悦撰;(清)钱培名校
春秋繁露/(汉)董仲舒
中论/(魏)徐干撰;(清)钱培名校
中说/(隋)王通撰;(宋)阮逸注
宋元学案/(清)黄宗羲
周子通书/(宋)周敦颐撰;(清)李光地注
张子全书/(宋)张载撰;(宋)朱熹注
二程遗书/(宋)程颢,(宋)程颐
象山语录/(宋)陆九渊
朱子语录/(清)张伯行
近思录集注/(宋)朱熹撰;(清)江永注
松阳讲义/(清)陆陇其
孟子字义疏证/(清)戴震
汉学商兑/(清)方东树
颜氏学记/(清)戴望

孝经义疏补/(清)阮福
汉学师承记/(清)江藩
宋学渊源记/(清)江藩
明儒学案/(清)黄宗羲
王文成公全书/(明)王守仁
清学案小识/(清)唐鉴
清代学术概论/梁启超
老子本义/(清)魏源
庄子集解/(清)王先谦
关尹子/(周)尹喜
文子缵义/(宋)杜道坚
抱扑子/(晋)葛洪撰;(清)严可均校
列子/(周)刘御寇撰;(后魏)张湛注
墨子闲诂/(清)孙诒让
大方广佛华严经/(唐)实义难陀译;(唐)澄观疏钞
大佛顶首楞严经正脉疏/(唐)般利密谛译;(明)真鉴疏
大乘起信论/马鸣造;圆英讲义
尹文子/(周)尹文撰;(清)钱熙祚校
晏子春秋/(周)晏婴撰;(清)孙星衍等校
慎子/(周)慎到撰;(清)钱熙祚校
鹖冠子/(宋)陆佃注
公孙龙子/(周)公孙龙撰;金受申释
鬼谷子/(梁)陶宏景注
吕氏春秋/题(秦)吕不韦撰;(清)毕沅校
淮南鸿列集解/(汉)刘安撰;刘文典集解
白虎通义/(汉)班固撰;(汉)陈立疏证
颜氏家训注/(北齐)颜之推撰;(清)赵曦明注
通志略/(宋)郑樵
西汉会要/(宋)徐天麟
东汉会要/(宋)徐天麟

唐会要/(宋)王溥

五代会要/(宋)李攸

宋朝事实/(宋)李攸

明会典/(明)徐溥等

清会典/(清)昆冈义

周礼正义/(清)孙诒让

礼记集解/(清)孙希旦

韩非子集解/(周)韩非撰;(清)王先慎集解

商君书/(秦)商鞅撰;(清)严万里校

盐铁论/(汉)桓宽撰;(明)涂桢校

明夷待访录/(清)黄宗羲

折狱龟鉴/(宋)郑克

唐明疏义/(唐)长孙无忌

唐明律合编/(清)薛允升

管子校正/(清)戴望校

孙子十家注/(周)孙武撰;(清)孙星衍校

纪效新书/(明)戚继光

童蒙训/(宋)吕本中

人谱/(明)刘宗周

仪礼正义/(清)胡培翚

尔雅义疏/(清)郝懿行

说文解字注/(清)段玉裁

说文通训定声/(清)朱骏声

说文释列/(清)王筠

说文句读/(清)王筠

说文古籀补/(清)吴大澄

广雅疏证/(清)王念孙

释名疏证补/(清)江声,(清)王先谦

匡谬正俗/(唐)颜师古

经传释辞/(清)王引之

助字辨略/(清)刘湛

康熙字典/(清)张玉书等

马氏交通/(清)马建忠

广韵/(清)陈彭年

集韵/(宋)丁度等撰;(清)方成珪考正

音学五书/(清)顾炎武

古今韵略/(清)邵长蘅
音韵阐微/(清)圣祖敕撰
方言疏证/(清)戴震
续方言/(清)杭世骏撰;(清)程际成补正
算经十书/(清)戴震校
四元玉鉴细草/(元)朱世杰
数理精蕴/(清)圣祖敕撰
新仪象法要/(宋)苏颂
中西经星同异考/(清)梅文鼎
长术辑要/(清)汪日桢
夏小正疏义/(清)洪震煊
广群芳谱/(清)汪灏等
离骚草木疏/(宋)吴仁杰
植物名实图考/(清)吴其浚
闽中海错疏/(明)屠本畯
蠕范/(清)李元
黄帝素问注、(唐)王冰注
灵枢经
脉经/(晋)王叔和
本草纲目/(明)李时珍撰;(清)张绍荣重订
齐民要术/(后魏)贾思勰
农书/(元)王桢
农政全书/(明)徐光启
饮膳正要/(元)忽思慧
考工记/(清)戴震注
天工开物/(明)宋应星
陶说/(清)朱琰
河工器具图说/(清)麟庆
营造法式/(清)李诫
珊瑚纲/(明)汪珂玉
图绘宝鉴/(清)夏文彦
画学心印/(清)秦祖永
艺舟双楫/(清)包世臣
广艺舟双楫/康有为
书法正传/冯武
寰宇访碑记/(清)孙星衍等
金石学/(清)李富孙
金石索/(清)冯云鹏等
语石/叶昌炽
乐律全书/(清)朱载堉

律吕正义/(清)圣祖,高宗敕撰

文心雕龙/(梁)刘勰

文章缘起/(梁)任昉

文则/(宋)陈骙

修辞鉴衡/(元)王构

诗品/(梁)钟嵘

诗式/(唐)释皎然

全唐诗话/(宋)尤袤

五代诗话/(清)郑方坤

苕溪渔隐丛话/(宋)胡仔

诗人玉屑/(宋)魏庆之

唐诗纪事/(宋)计有功

宋诗纪事/(清)厉鹗

元诗纪事/陈衍

明诗纪事/(清)陈田

文选/(梁)萧统

古文苑/(宋)章樵

续古文苑/(清)孙星衍

唐文粹/(宋)姚铉撰;(清)郭麟补遗

宋文鉴/(宋)吕祖谦

元文类/(元)苏天爵

明文在/(清)薛熙

涵芬楼古今文钞简编/吴曾祺

毛诗注疏/(汉)毛亨传;(汉)郑玄笺;(唐)孔颖达疏

诗毛氏传疏/(清)陈奂

古诗源/(清)沈德潜

玉台新咏/(陈)徐陵编;(清)吴兆宜注

乐府诗集/(宋)郭贸倩

唐百家诗选/(宋)王安石

唐诗别裁/(清)沈德潜

宋诗别裁/(清)张景星

宋诗钞/(清)吴之振,(清)吕留良编;李宣龚校补

元诗别裁/(清)张景星

明诗别裁/(清)沈德潜

清诗别裁/(清)沈德潜

湖海诗传/(清)王昶

楚辞/(后汉)王逸注

屈原赋注/(清)戴震注

词源/(宋)张炎
唐五代词选/(清)成肇麟
宋六十名家词/(明)毛晋
词律/(清)万树等
词苑丛谈/(清)徐釚
明词综/(清)王昶
漱玉词/(宋)李清照
断肠词/(宋)朱淑贞
草窗词/(宋)周密
白云词/(宋)张炎
松雪斋词/(元)赵孟頫
乌丝词/(清)陈维崧
延露词/(清)彭孙遹
弹指词/(清)顾贞观
珂雪词/(清)曹贞吉
饮水词 侧帽词/(清)纳兰性德
樊榭山房词/(清)厉鹗
茗柯词/(清)张惠言
金梁梦月词/(清)周之琦
元曲选/(明)臧晋叔校
曲谱/(清)圣祖敕撰
曲话/(清)梁廷枏
太平乐府/(元)杨朝英
阳春白雪/(元)杨朝英
桃花扇/(清)孔尚任
牡丹亭/(明)汤显祖
剧说/(清)焦循
琵琶记/(元)高明
长生殿/(清)洪升
董解元弦索西厢
四六丛话/(清)孙梅
骈体文钞/(清)李兆洛
楹联丛话/(清)梁章钜
墓铭例/(清)王行乾,梁玉绳
陆宣公奏议/(唐)陆贽
林文忠公政书/(清)林则徐
历代名人书札/吴曾祺
世说新语/(宋)刘义庆撰;(宋)刘孝标注
唐语林/(宋)王谠
梦溪笔谈/(宋)沈括
容斋五笔/(宋)洪迈

物理小识/(明)方以智

庸庵笔记/(清)薛福成

旧小说/吴曾祺

穆天子传/(晋)郭璞注

搜神记/(晋)干宝

京本通俗小说

大宋宣和遗事

一百二十回水浒/(明)施耐庵

西游记/(明)吴承恩

石头记/(清)曹霑

镜花缘/(清)李汝珍

儒林外史/(清)吴敬梓

蔡中郎文集/(汉)蔡邕撰;(清)陆心源校

嵇中散集/(魏)嵇康撰;(明)黄省曾校刻

曹集诠评/(魏)曹植撰;(清)丁晏诠评

陶靖节集/(晋)陶潜

谢康乐集/(宋)谢灵运撰;王士贤校

鲍氏集/(宋)鲍照

谢宣城集/(齐)谢朓

江文通集/(梁)江淹

徐孝穆集/(陈)徐陵撰;(清)吴兆宜笺注

庾子山集/(北周)庾信撰;(清)倪璠集注

白香山集/(唐)白居易

李太白集/(唐)李白

杜少陵集详注/(唐)杜甫撰;(清)仇兆鳌详注

王子安集/(唐)王勃

骆宾王文集/(唐)骆宾王

韩昌黎集/(唐)韩愈

柳河东集/(唐)柳宗元

张燕公集/(唐)张说

曲江集/(唐)张九龄

王右丞集/(唐)王维撰;(清)赵殿成注

高常侍集/(唐)高适

岑嘉州集/(唐)岑参

孟襄阳集/（唐）孟浩然
韦苏州集/（唐）韦应物
刘宾客文集/（唐）刘禹锡
张司业集/（唐）张籍
孟东野集/（唐）孟郊
长江集/（唐）贾岛
昌谷集/（唐）李贺
李义山集/（唐）李商隐
温飞卿集/（唐）温庭筠撰；（明）曾益注；（清）顾予咸补
骑省集（即徐公文集）/（宋）徐铉
小畜集/（宋）王禹偁
林和靖诗集/（宋）林逋
范文正公集/（宋）范仲淹
传家集/（宋）司马光
王临川集/（宋）王安石
苏东坡集/（宋）苏轼
欧阳永叔集/（宋）欧阳修
陆放翁集/（宋）陆游
元丰类稿/（宋）曾巩
嘉祐集/（宋）苏洵
栾城集/（宋）苏辙
山谷内外集/（宋）黄庭坚
淮海集/（宋）秦观
后山集/（宋）陈师道
石湖居士诗集/（宋）范成大
西山文集/（宋）真德秀
白石道人全集/（宋）姜夔
文山先生集/（宋）文天祥
元遗山诗文集/（金）元好问
湛然居士文集/（元）耶律楚材
道园学古录/（元）虞集
铁崖古乐府/（元）杨维桢
宋学士全集/（明）宋濂
诚意伯文集/（明）刘基
高青邱诗集/（明）高启
逊志斋集/（明）方孝孺
升庵集/（明）杨慎
张太岳集/（明）张居正
震川集/（明）归有光
钱牧斋诗钞/（清）钱谦益

吴梅村诗集/(清)吴伟业
亭林诗文集/(清)顾炎武
壮悔堂集/(清)侯方域
曝书亭集/(清)朱彝尊
西河文集/(清)毛奇龄
渔洋山人精华录/(清)王士祯
敬业堂诗集/(清)查慎行
方望溪先生全集/(清)方苞
鲒埼亭集/(清)全祖望
潜研堂集/(清)录大昕
瓯北诗钞/(清)赵翼
惜抱轩诗文集/(清)姚鼐
洪北江集/(清)洪亮吉
戴东原集/(清)戴震
大云山房文稿/(清)恽敬
两当轩诗钞/(清)黄景仁
孙渊如诗文集/(清)孙星衍
定庵全集/(清)龚自珍
曾文正公诗文集/(清)曾国藩
人境庐诗钞/(清)黄遵宪
山海经/(晋)郭璞注;(清)郝懿行重疏
水经注/(后魏)郦道元
元和郡县志/(唐)李吉甫
元丰九域志/(宋)王存等
舆地广记/(宋)欧阳忞
诸藩志/(宋)赵汝适
读史方舆纪要/(清)顾祖禹
四书释地/(清)阎若璩
十六国疆域志/(清)洪亮吉
括地志/(清)孙星衍辑
蒙古游牧记/(清)张穆
卫藏图志/(清)盛绳祖,(清)何秋涛
行水金鉴/(清)傅泽洪
续行水金鉴/(清)黎世序
历代地理志韵编今释/(清)李兆洛
大唐西游记/(唐)玄奘
佛国记/(宋)释法显
宣和奉使高丽图经/(宋)徐竞
长春真人西游记/(元)丘处机

瀛涯胜览/(明)马欢
徐霞客游记/(明)徐宏祖
人表考/(清)梁玉绳
高士传/(晋)皇甫谧
烈女传补注/(清)王照圆
畴人传/(清)阮元
历代画史汇传/(清)彭蕴璨
历代统纪表/(清)段承基
历代史表/(清)万斯同
二十一史四谱/(清)沈炳震
历代帝王年表/(清)斋召南撰;(清)阮福续
历代名人年谱/(清)吴荣光
考信录/(清)崔述
文史通义/(清)章学诚
历代建元考/(清)钟渊映
历代纪元编/(清)李兆洛
竹书纪年/(梁)沈约撰;(清)洪熙煊校
春秋公羊传注疏/(周)公羊高撰;(汉)何休解诂;(唐)徐彦疏
春秋谷梁传注疏/(周)谷梁赤撰;(晋)范宁注;(唐)杨士动疏
汉纪/(汉)荀悦
后汉书/(晋)袁宏
通鉴纪事本末/(宋)袁枢
宋史纪事本末/(明)陈邦瞻
元史纪事本末/(明)陈邦瞻
明史纪事本末/(清)谷应泰
尚书大传定本/(汉)伏胜述;(清)陈寿祺辑注;王闿运补注
尚书今古文注疏/(清)孙星衍
春秋左传诂/(清)洪亮吉
绎史/(清)马骕
国语/(唐)韦昭注
战国策/(元)吴师道校注
史纪/(汉)司马迁
汉书/(清)王先谦补注
后汉书/(清)王先谦集解
三国志/(南朝宋)裴松之注

逸周书集训校释/(清)朱右曾校
越绝书/(清)钱培名校
吴越春秋/(汉)赵晔撰;(元)徐天祐注
十六国春秋/(后魏)崔鸿
华阳国志/(晋)常璩撰;(清)顾广圻校
契丹国志/(宋)叶隆礼
大金国志/(金)宇文懋昭
九国志/(宋)路振撰;(宋)张唐英补
蜀鉴/(宋)郭允蹈
明季北略/(清)计六奇
明季南略/(清)计六奇
明季稗史
史通通释/(清)浦起龙
读通鉴论/(清)王夫之
宋论/(清)王夫之

9.钱穆开列的《文史书目举要》

钱穆(1895~1990),史学家。1930年起,先后在北京大学、西南联大等校执教,1949年在香港创办新亚书院,1967年迁居台北。著有《先秦诸子系年》、《国史大纲》等。

钱穆在西南联大给他的研究生曾开列了一个《文史书目举要》。

周易
诗经
庄子/庄子
荀子/荀子

小戴礼/戴圣
孟子/孟子
文选/萧统
杜工部集/(唐)杜甫
苏东坡集/(宋)苏轼
说文解字/(东汉)许慎
尚书
左传/左丘明
论语
墨子/墨子
汉书/班固
通典/杜佑
老子/老子
史记/司马迁
资治通鉴/司马光
楚辞
陶渊明集/陶渊明
韩昌黎集/(唐)韩愈
古文辞类纂/姚鼐
近思录/朱熹,吕祖谦辑

10. 胡秋原开列的《一个最低限度的国民书目》

《一个最低限度的国民书目》,胡秋原编。胡秋原,评论家,出生于湖北黄陂。1949年迁居台湾。著有《民族文化论》、《古代中国文化与中国知识分子》等。

《一个最低限度的国民书目》载于1941年3月《读书通讯》第22期。该书目以中学以上程度的读者为标准,着重于一般常识性的知识,而外国好书无中译本者及当时报刊、小册子和论文未及收录。该书目共分六个部分:关于抗战建国及中日问题,关于日寇及其侵略政策，关于本国历史及文化，关于西洋历史及文化，关于一般科学知识，关于一般社会科学理论。其中，关于中国历史及文化部分的书目如下：

论语
孟子/孟子
墨子/墨子
中庸
大学
孙子/孙子
韩非子/韩非
淮南子/刘安
史记/司马迁
通鉴/司马光
通典/杜佑
通考/马端临
通志/郑樵
纲鉴易知录/(清)吴乘权等辑
诗经
楚辞
古诗源/沈德潜
十八家诗钞/(清)曾国藩选编
经史百家杂钞/(清)曾国藩
古文辞类纂/姚鼐
词选/张惠言
曲录/王国维
西厢记/王实甫
长生殿/(清)洪昇
桃花扇/(清)孔尚任
鲒埼亭集/(清)全祖望
唐宋传奇集/鲁迅辑录
水浒/施耐庵
儒林外史/吴敬梓
论衡/(东汉)王充
盐铁论/(西汉)桓宽
梦溪笔谈/沈括
天工开物/宋应星
明夷待访录/黄宗羲

颜氏学记/（清）戴望

文史通义/章学诚

11. 汪辟疆开列的国文源头书

汪辟疆在1942年为中央大学国文系学生开列了一个包含10种图书的“最切要”的“源头书”，并间或予以评注，颇多精要。

说文解字/（东汉）许慎

毛诗正义/（唐）孔颖达

礼记正义/（唐）孔颖达

荀子/荀子

庄子/庄子

汉书/班固

资治通鉴/司马光

楚辞

文选/萧统

杜诗

12. 汪辟疆为大学中文系学生开列的书目

抗战期间，汪辟疆又提出大学中文系学生应选读20种书。

《楚辞》

杜诗

《文心雕龙》

《史通》

《尚书》

《礼记》

《周易》

《诗经》

《左传》

《汉书》

《水经注》

《文选》

韩文

《史记》

《资治通鉴》

《庄子》

《荀子》

《韩非子》

《管子》

《说文解字》

13. 朱自清的《经典常谈》

《经典常谈》,朱自清著,北京:三联书店,1980年9月重印。

朱自清(1898~1948),文学家、学者。1920年毕业于北京大学哲学系。1925年到清华大学任教。1931年留学英国并漫游欧洲大陆。回国后执教于清华大学、西南联大等校。著有散文集《背影》、《欧游杂记》,文艺论集《诗言志辨》等。

本书初版于1940年代,深入浅出地讲述了中国重要典籍,以求能启发读者的兴趣,引他们到经典的大路上去。其中辞赋、诗、文三篇因作品繁多,只叙其源流。

说文解字

周易

尚书

诗经

三礼

春秋三传(国语附)

四书

战国策

史记汉书

诸子

辞赋

诗

文

二、当代重要导读书目

书籍如同光芒四射的烛光，把人生之路照得耀眼通明；来者从亮光中认识了人生的意义，去者似蜡烛燃尽，照亮了别人。

—— 纳素夫

阅读所有的优秀名著就象与过去时代那些最高尚的人物进行交谈，而且是一种经过准备的谈话。这些伟人在谈话中向我们展示的不是别人，那都是思想中的精华。

—— 卡迪尔

14. 中国古代重要著作选目

1953年10月，北京图书馆编印《中国古代重要著作选目》，选书20种，分文史和科学两方面。这个目录是经过郭沫若、俞平伯、何其芳等人审订过的。

诗经	史记/司马迁
楚辞大唐	西域记/(唐)玄奘
李白诗	徐霞客游记/徐宏祖
杜甫诗	论衡/(东汉)王充
白居易诗	齐民要术/(北魏)贾思勰
水浒/施耐庵	梦溪笔谈/沈括
三国演义/罗贯中	营造法式/李诫
西厢记/王实甫	农书/(南宋)陈旉
西游记/吴承恩	本草纲目/李时珍
红楼梦/曹雪芹	天工开物/宋应星

15. 胡道静增补《中国古代重要著作选目》

胡道静，著名学者。著有《梦溪笔谈校证》等。

1981年，胡道静增补《中国古代重要著作选目》10种。

老子/老子

墨子/墨子

庄子/庄子

孟子/孟子

荀子/荀子

韩非子/韩非

孙子兵法/孙子

春秋左氏传/左丘明

资治通鉴/司马光

水经注/(南北朝)郦道元

16. 屈万里开列的《古籍导读》书目

屈万里(1907～1979),现代学者,精甲骨文和版本目录学。曾任职于山东省立图书馆、国立中央图书馆及中央研究院历史语言研究所。1949年以后赴台,曾任大学教授和图书馆馆长等职。著有《殷墟文字甲编考释》、《图书版本要略》等。

1964年,屈万里在台湾开明书店出版《古籍导读》一书,书中列四部书38种。

论语

尚书

易

诗经

孝经

礼记/戴圣

经学历史/皮锡瑞

周礼

孟子/孟子

春秋左传

说文解字/(东汉)许慎
史记/司马迁
后汉书/(魏晋)范晔
汉书/班固
三国志/陈寿
通鉴/司马光
明史纪事本末/谷应泰
战国策
明儒学案/黄宗羲
续通鉴/(清)毕沅
国语/左丘明
宋元学案/黄宗羲
考信录/崔述
荀子/荀子
墨子/墨子
老子/老子
庄子/庄子
韩非子/韩非
吕氏春秋/吕不韦
列子
楚辞
李太白诗集/(唐)李白
韩昌黎集/(唐)韩愈
文选/萧统
陶渊明集/陶渊明
杜工部集/(唐)杜甫
白氏长庆集/(唐)白居易
文心雕龙/(南朝齐梁间)刘勰

17. 钱穆开列的“中国人所人人必读的书”

1978年，香港中文大学新亚书院设立“钱宾四先生学术文化讲座”，请钱穆作了系列讲座。在讲演中钱穆指出有7部书是“中国人所人人必读的书”。

论语
孟子/孟子

老子/老子

庄子/庄子

六祖坛经/惠能

近思录/朱熹,吕祖谦辑

传习录/王守仁

18.朱光潜喜爱的中外图书(节选)

朱光潜(1897～1986),著名学者。早年赴英法留学,获法国文学博士学位。回国后历任北京大学、四川大学、武汉大学教授。著有《西方美学史》、《文艺心理学》等,译有柏拉图《文艺对话集》等。在1920年代,朱光潜在《给青年的十二封信·谈读书》中,对青年谈他喜爱的中外图书,开列了以下图书:

国风

庄子/庄子

楚辞

史记/司马迁

古诗源/沈德潜

文选/萧统

世说新语/刘义庆

陶渊明集/陶渊明

李太白集/(唐)李白

花间集/赵崇祚

词选/张惠言

红楼梦/曹雪芹

19.影响梁实秋的八本书(节选)

梁实秋(1903~1987),原籍浙江,生于北京。1923年清华学校毕业后赴美,入哈佛大学研读英美文学批评。1926年回国执教,1949年东渡台湾。译有《莎士比亚全集》40卷,著有《雅舍小品》等。

水浒传/施耐庵　　六祖坛经/惠能

胡适文存/胡适

20.影响端木蕻良最大的四本书(节选)

端木蕻良,作家。著有长篇历史小说《曹雪芹》等。他在1987年10月23日的《北京日报》读书版上谈对其“影响最大的书”,列书4种,此处仅摘录中国经典。

呐喊/鲁迅

21.影响吴小如最大的五本书

吴小如，北京大学教授，曾译有《巴尔扎克传》，著有《中国小说讲话及其它》、《古典小说漫稿》等。他在《北京日报》(1987年11月20日)读书版谈到有5本书对他影响最大。

论语

谈艺录/钱钟书

谈新诗/冯文炳

读词偶得/俞平伯

诗言志辨/朱自清

22.影响翁偶虹最大的书

翁偶虹，戏曲史专家。作品有剧本《将相和》、《翁偶虹戏曲论文集》等。他在1988年5月16日的《北京日报》读书版上撰文谈对其“影响最大的书”，其书目为：

在延安文艺座谈会上的讲话/毛泽东

中国古典戏曲论著集成

唐宋八家

骈文正宗

陶庵梦忆/(清)张岱

毛主席诗词/毛泽东

23. 影响庞朴最大的三本书(节选)

庞朴,哲学家,著有《公孙龙子研究》、《帛书五行篇研究》等。他在《北京日报》(1988年1月8日)读书版谈到有3本书对他影响最大。

庄子/庄子

24. 影响刘绍棠最大的三本书(节选)

刘绍棠,作家,著有《运河的桨声》、《蒲柳人家》等。他曾谈到有3本书对他影响最大。(见《北京日报》1988年4月1日读书版)

鲁迅全集/鲁迅　　红楼梦/曹雪芹

25. 影响严耕望最大的五本书(节选)

严耕望,中国中古史研究的知名学者。1930年毕业于国立武汉大学。1934年起任职于中央研究院历史语言研究所,50年代以后先后在香港中文大学、台湾大学执教。著有《唐仆尚丞郎表》、

《治史答问》等。

台北《书目季刊》23卷第1期(1989年)发表了严耕望《影响我一生最深的五本书》。

曾文正公家书(包括《家训》)/曾国藩

中国分省地理图

史记/司马迁

中国历史研究法/梁启超

26.引导舒芜窥见学术门径的十本书(节选)

舒芜,本名方管,安徽桐城人,作家。著有《挂剑集》、《说梦录》、《书与现实》等。舒芜曾自述有十本书使他得以“窥见中国学术和文学的门径,以及欧洲艺术和文学的初步知识。”

载《中国读书评论》1991年第1期。

书目答问补正/范希曾

经典常谈/朱自清

先秦政治思想史/梁启超

汉代学术史略/顾颉刚

清代学术概论/梁启超

中国文学发展史/刘大杰

中国文学批评/方孝岳

中国小说史略/鲁迅

27. 曾国藩最喜欢读的书

《曾国藩最喜欢读的书》,郭生旭编著,甘肃文化出版社,2004年8月。

本书是以曾国藩日记与笔记、文章引言,以及他批注圈点的书籍为线索,发掘出他读得最多、对他影响最大的书,并将其汇辑成册,旨在让读者更全面地了解一代"中兴之臣"读过哪些书。为了达到这点,本书在编辑体例上,实行创新,把曾国藩的读书日记与他喜欢读的重点书的精粹部分放在一起,前有导读,后有精彩语句。此处仅举要重点书的精粹部分篇名。

长恨歌

吴山图记

游褒禅山记

五帝本记序

孔子世家序

管仲列传

晏子列传

酷吏列传序

滑稽列传

货殖列传

治安策(一)

孝文帝反贪

舅父反甥案

上枢密韩太尉书

汉高帝求贤诏

原毁

获麟解
杂说
诤臣论
师说
秋声赋
秦楚之际月表
送李愿归盘谷序
凌虚台记
进学解
祭十二郎文
治安策(二)
过秦论
外戚世家
尊经阁记
苏秦说秦
卜居
史记高祖功臣侯者年表序
桐叶封弟辨
游侠列传序
柳子厚墓志铭
宋玉对楚王问
小石城山记
论语(十则)
摽有梅
上梅直讲书
黄冈主楼记
兰亭集序
陈情表
桃花源记
五柳先生传
圬者王承福传
阅微草堂笔记
出师表
朋党论
报任安书
公子重耳对秦客
谏太宗十思疏
北山移文
驳复仇议
种树郭橐驼传
梓人传
待漏院记

醉翁亭记
留侯论
晁错论
寄欧阳舍人书
阅江楼记
信陵君救赵论
蔺相如完璧归赵论
五人墓碑记
郑伯克段于鄢
虞公误国
子产毁晋馆垣
子革对灵王
生民
蜀相
逍遥游
李渊"匡帝室"
淝水之战前
汉武帝卖官
太史公自序(节选)
归去来辞
辨奸论
萧相国世家
弦高护国
赤壁之战
石钟山记
丰乐亭记
钴鉧潭西小丘记
泷冈阡表
《梅圣俞诗集》序
屈原贾生列传
伯夷列传
项羽本纪
祭石曼卿文
谏逐客书
送温处士赴河阳军序
刘义让位
武氏摄政
与于襄阳书
后廿九日复上宰相书
念奴娇·赤壁怀古
《释秘演诗集》序
诗二首(己亥杂诗(外一首);秋

心）

滕王阁序

阿房宫赋

深虑论

登高

登泰山记

与韩荆州书

吊古战场

陋室铭

讳辩

后十九日复上宰相书

与陈给事书

送董昭南序

送杨少尹序

送石处士序

应科目时与人书

箕子碑

捕蛇者说

岳阳楼记

纵囚论

范增论

喜雨亭记

黄州快哉亭记

报刘一丈书

商鞅施法

嬴政寻仙

刘邦弃亲

苏武浴雪

宋弘拒凤

桥玄相曹操

刘备托孤

七贤醉世

惠帝废太子

玄武门兵变

魏征论教化

诗文含军机

吉顼的无奈

李隆基扶唐

毛遂说楚

张益州画像记

泰州海陵县主簿许君墓志铭

送孟东野序

吕相绝秦
原道
郑子家告赵宣子
祭鳄鱼文
景帝令二千石修职诏
赤壁赋(节选)
李存勖的兴亡
宦祸深于女娲

28.名家荐书(节选)

《清凉的书眼:书摘〈名家荐书〉精粹》,乔福山编著,光明日报出版社,2000年版。

《书摘》杂志于1993年8月至1999年12月开设《名家荐书》专栏,发表70余位学者、作家的谈书文章,该书是这些文章的结集。

推荐者:季羡林
红楼梦/曹雪芹
世说新语/刘义庆
儒林外史/吴敬梓
李义山诗/李商隐
李后主词/李煜
史记/司马迁
寒柳堂集 金明馆丛稿/陈寅恪

推荐者:李凖
老子/老子
论语/孔子
红楼梦/曹雪芹
史记/司马迁
唐诗三百首/孙洙
古文观止/吴楚材,吴调侯
李后主词/李煜

推荐者:黄宗江

冰心文集

巴金文集

鲁迅全集/鲁迅

曹禺戏剧集

水浒传/施耐庵

毛泽东选集/毛泽东

推荐者:乐黛云

世说新语/刘义庆

这一代人的怕和爱/刘小枫

西南研究论/徐新建

中国象征辞典/刘锡成,王文宣主编

柳如是别传/陈寅恪

再生缘/陈端生

推荐者:蒋孔阳

庄子/庄子

孟子/孟子

中国近三百年学术史/梁启超

文艺心理学/朱光潜

推荐者:雷达

鲁迅散文/张明高、范桥选编

法国七人诗选/雨果等

文化与人生/贺麟

推荐者:倪墨炎

汉魏六朝赋选/瞿蜕园选注唐诗选

鲁迅全集/鲁迅著

雨天的书/周作人著

推荐者：钱中文

人间词话/王国维著；徐调孚注；王幼安校订

三国志演义

古文观止/吴楚材、吴调侯选编

牡丹亭/汤显祖

推荐者：袁行霈

陶渊明集/陶渊明

水浒传/施耐庵

论语/孔子

东坡乐府

推荐者：宗璞

九歌/屈原

陶渊明集/陶渊明

杜甫诗选注

苏轼全集

李义山诗

中国哲学史/冯友兰

中国哲学简史/冯友兰

中国哲学史新编/冯友兰

推荐者：陈建功

学习使用MS-DOS6/尤晓东主编

呐喊/鲁迅

彷徨/鲁迅

推荐者：唐达成

艺境/宗白华

冯至学术精华录

推荐者：杨义

史记/司马迁

鲁迅全集/鲁迅

红楼梦/曹雪芹

唐诗选

中国版画史图录

推荐者:严家炎

阿Q正传/鲁迅

清代学术概论/梁启超

西潮/蒋梦麟

香港大学生/梁锡华

推荐者:王充闾

剑南诗稿/陆游

鬼雨/余光中

推荐者:李文俊

李秀成自述(影印)/李秀成

留德十年/季羡林

世界美术名作鉴赏辞典/朱伯雄

推荐者:黎汝清

稼轩词/辛弃疾

三国演义/罗贯中

推荐者:霍达

史记/司马迁

秦集史/马非百

红楼梦/曹雪芹

推荐者:王春瑜

陈寅恪先生编年事辑/蒋天枢

长水集/谭其骧

秋风集/冯其庸

推荐者:陆贵山

离骚/屈原

推荐者:郭志刚

谈艺录/钱钟书

推荐者:叶朗

论语/孔子

推荐者:叶文玲

三幅画/宗璞

推荐者:邵燕祥

名人自述/孙中山等

毛泽东的早年与晚年/李锐

山坳上的中国/何搏传

陈伯达传/叶永烈

推荐者:姜德明

回忆胡乔木

甲申三百年祭/郭沫若

呼兰河传/萧红

傅雷家书

秋林扫叶/叶鹏

中国第一思想犯——李贽传/鄢烈山,朱健国

被亵渎的鲁迅

顾准文集

在语词的密林里/尘元

陶晶孙选集

袁殊文集

推荐者:冯德英

毛泽东选集/毛泽东

茅盾文集

推荐者:王为政

中国人/林语堂

镜花缘/(清)李汝珍

冰心全集

推荐者:洁泯

李健吾文学评论集

聂绀弩诗全编

推荐者:江曾培

无法直面的人生——鲁迅传/王晓明

仁智的山水——张元济传

天地间一个读书人——熊十力传/郭齐勇

新月下的夜莺——徐志摩传/宋炳辉

推荐者:冯其庸

这些忧郁的碎屑/黄永玉

时间的切片/郁风

王蒙评批本《红楼梦》

中国历代服饰纹样大典 中国

服装史/黄能馥,陈娟娟

中国服饰艺术源流/黄能馥,陈娟娟

老房子(皖南徽派民居)/俞宏

理、李玉祥摄编

推荐者:陈早春

红叶丛书

走出地球村/李鸣生

大唐三藏西游记/钟海诚

我是太阳/邓一光

推荐者:金开诚

老子今译/任继愈译

中国四大名旦/许姬传,徐凌云

世界名人论中国文化

推荐者:王岳川

我与中国20世纪/季羡林等

艺境/宗白华

推荐者:李书磊

中国当代名人随笔·汪曾祺卷/汪曾祺

清代文字狱案/张书才,杜景华编

朱子语类/(宋)黎靖德编,王星贤点校

推荐者:蓝翎

李方舟传/朱东润

堪隐斋随笔/谢兴尧

无梦楼随笔/张中晓

推荐者:高洪波

庚子西狩丛谈/吴永

明太祖集/朱元璋

多尔衮全传

推荐者:胡芝风

变与不变/沈祖安

戏曲艺术论/张庚
戏曲观众论/刘景亮
周信芳文集

推荐者:袁鹰
天意怜幽草/柯灵
风雨故人情/夏衍
一个红卫兵的自白/梁晓生

推荐者:吴泰昌
中国文化名人画名家/赵白生编
说稗集/吴组缃
诗的纪念册/王一桃
模糊的荧屏/李一氓

推荐者:张炯
资治通鉴/司马光
大众哲学/艾思奇
毛泽东选集/毛泽东
四书

推荐者:屠岸
叶芝文集
叶芝抒情诗全集

推荐者:程树榛
世纪贵族/彭名燕
南唐二主词析

推荐者:张守仁
中国院士

补天裂/霍达

推荐者:崔道怡

红楼梦/曹雪芹

推荐者:刘心武

城市战车/邱华栋

岁月游虹/卞毓方

推荐者:彭荆风

湘行集/沈从文

阉谷/岩扎

推荐者:吴小如

清代学术概论/梁启超

近三百年学术思想史/梁启超

国史大纲/钱穆

近三百年学术思想史/钱穆

日知录/顾炎武

菰中随笔/顾炎武

明夷待访录/黄宗羲

读通鉴论/王夫之

亭林先生神道表/全祖望

顾亭林年谱/张穆

推荐者:童庆炳

红楼梦/曹雪芹

推荐者:牛汉

俄国文史漫笔/蒋路

画译中的纪念/高莽

推荐者:梅绍武

英国诗史/王佐良

我的读书生涯/赵萝蕤

十七世纪英国文学/杨周翰

英国文学史/王佐良

推荐者:蔡葵

洗澡/杨绛

围城/钱钟书

推荐者:李剑鸣

吴于廑学术论著自选集

推荐者:袁可嘉

中国现代主义诗潮论/王泽龙

中国现代主义诗歌流派史/罗振亚

推荐者:李洁非

李鸿章传/苑书义

中国学术思想史随笔/曹聚仁

推荐者:李国文

二十四史

推荐者:邓云乡

吴宓日记

推荐者:杨书案

老子/老子

论语/孔子

庄子/庄子

推荐者:刘锡诚

思痛录/韦君宜

忆周扬/王蒙,袁鹰编

推荐者:石英

唐诗选注

唐宋八大家文集·苏轼文/苏轼

推荐者:谢永旺

人间医话/高光

生死饮食男女/凌力

推荐者:缪俊杰

碧蓝绿文丛/张守仁编

推荐者:陈平原

清代学术概论/梁启超

国故论衡/章太炎

中国小说史略/鲁迅

推荐者:王朝柱

十年论战/吴冷西

毛泽东传/金冲及主编

推荐者:蔡仲德

嵇康集/嵇康

史记/司马迁

焚书 续焚书/李贽

29. 北京大学教授推荐我最喜爱的书(节选)

《北京大学教授推荐我最喜爱的书》,李常庆编,陕西师范大学出版社,2001年12月。

本书编辑的北京大学教授推荐我最喜爱的书中,为教授们所喜爱阅读和或多或少受到影响的图书占多数,其中包括少量的专业书籍。本书附录里收录了21位曾在北京大学任教但已谢世的先生们的文章。此处仅摘录中国经典部分。

张岱年:我最喜爱的书

周易大全　　史记

孟子　　通鉴

庄子　　邓小平文选

林庚:我为什么特别喜爱唐诗

唐诗三百首

季羡林:我最喜爱的书

史记/司马迁　　世说新语

陶渊明的诗
李白的诗
杜甫的诗
南唐后主李煜的词
苏轼的诗文词
纳兰性德的词
儒林外史/吴敬梓
红楼梦/曹雪芹

张世英:我最喜爱的十本书

孟子/孟轲

唐诗三百首/中华书局,1959年新1版

红楼梦/曹雪芹

古文观止/文学古籍刊行社,1956年版

中国哲学史/冯友兰(解放前出版),商务印书馆,1944年版

饶鑫贤:推荐书目与几点说明

三字经/(南宋)王应麟编;(近代)章炳麟重订本

古代汉语/王力编,1962年9月中华书局版

中国古代史讲座/中共中央党校科研办公室编,1987年10月求实出版社出版

从鸦片战争到五四运动/胡绳著,1981年6月人民出版社第一版

中国历史要籍论文选注/雷敢选注,1982年10月岳麓书社出版

中国哲学简史/冯友兰著,涂又光译,1985年2月北京大学出版社出版

中国法律与中国社会/瞿同祖著,1981年12月中华书局重印第一版

时间是检验真理的惟一标准/1978年5月11日《光明日报》社论

中国革命与中国共产党/毛泽东著,载于《毛泽东选集》人民出版社1991年6月

中国共产党中央委员会关于建国以来党的若干历史问题的决议/载于中共中央文献研究室编《三中全会以来重要文献选编》下册,人民出版社1982年8月第一版

周密:集腋成裘,教我成长

实践论/毛泽东矛盾论/毛泽东

论人民民主专政/毛泽东

关于正确处理人民内部矛盾的问题/毛泽东

中国通史/范文澜

中国史稿/郭沫若

陈仲庚:介绍几本基础和人格心理学入门书

心理学方法学/周谦主编,中国科学技术出版社,1994年版

人格心理学/陈仲庚、张雨新编著,辽宁人民出版社,1986版

汤一介:我最喜爱的书

论语/孔子

庄子/庄周

陶渊明集/陶渊明

生死/汤一介,(法)艾克沙维·李比雄

蒲坚:谈谈我初治中国法制史时几本垫底书

唐律疏议

历代刑法考

九朝律考

中国法律发达史/杨鸿烈,民国十九年商务印书馆出版

中国法制史/陈顾远,民国二十三年商务印书馆出版

邵津:我最喜爱的书

冷战后国际关系/宫少鹏等主编,世界知识出版社,1999年版

全球化时代的国际安全/王逸舟主编,上海人民出版社,1999年版

国际法/邵津主编,北京大学出版社、高等教育出版社,2000年版

千首唐人绝句/富寿荪选注、集评,上海古籍出版社,1985年版

徐志摩经典/徐志摩,南海出版公司,1999年版

名曲的诞生/(台)崔光宙,中国国际广播出版社,1998年版

朱光潜美学文学论文选集/朱光潜,湖南人民出版社,1980年版

萧超然:漫语推荐书目与提高素质

左传(木刻本)

孟子(木刻本)

古文观止(木刻本)

唐诗三百首(木刻本)

郑板桥家书、道情十首(铅印本)

毛泽东选集(1~5卷,人民出版社版)

红楼梦(石印本、铅印两卷)

祝总斌:推荐书目

资治通鉴/司马光著,胡三省注

四库全书总目(提要)/纪昀

廿二史劄记/赵翼

周礼正义/孙诒让,中华书局1987年第一版

人间词话/王国维

论语集释/程树德,中华书局,1990年出版

中国哲学史新编/冯友兰,人民出版社,80年代出版

东晋门阀政治/田余庆,北京大学出版社,1996年第三版

梁启超和他的儿女们/吴荔明,上海人民出版社,1999年版

思痛录/韦君宜,北京十月文艺出版社,1998年版

白化文:推荐十种引人入胜的中文经典著作

史记
西游记
杜甫诗
红楼梦
世说新语
聊斋志异
陶渊明集
西厢记
三国演义
桃花扇

刘安武:推荐专业必读书

梵语文学史/金克木

乐黛云:影响我的十本书

庄子/庄子
管锥编/钱钟书
陶渊明集/陶渊明
文心雕龙/刘勰

刘方棫:推荐我最喜爱的十种书

邓小平经济理论(摘编)

中国经济发展战略问题研究/刘国光

陈岱孙文集/陈岱孙

第三产业经济学/李江帆

灾害经济学/何爱平

消费力经济学/尹世杰

谢冕:我爱读的几本理论书

万历十五年/黄仁宇著,中华书局1982年出版

金开诚:慈爱深寄一部书

三国演义

钟哲明:我最喜爱的书

新民主主义论/毛泽东

关于正确处理人民内部矛盾的问题/毛泽东

何九盈:我的阅读历程

论语/十三经注疏本

孟子/十三经注疏本

左传/十三经注疏本

毛泽东选集(1~4卷)

庄子集释/中华书局,1961年版

史记/中华书局,1962年版

苏轼选集/上海古籍出版社,1984年版

说文解字注/(汉)许慎著,(清)段玉裁注,上海古籍出版社,1981年版

褚斌杰:我最喜爱的书

庄子

史记

红楼梦

白香山集

鲁迅全集

儒林外史

论语

负暄琐话/张中行

严家炎:我想推荐的几种书

阿Q正传/鲁迅

清代学术概论/梁启超著,中华书局1959年出版

西潮/蒋梦麟著,香港磨剑堂1961年出版

白鹿原/陈忠实著,人民文学出版社1993年出版

风庐故事/宗璞著,中国对外翻译出版公司1995年出版

白杨木鼻子/毕淑敏著,中国对外翻译出版公司1995年出版

成年人的童话/陈祖芬著,中国对外翻译出版公司1995年出版

半山半水半书窗/黄宗英著,中国对外翻译出版公司1995年出版

张翼星:向青年朋友推荐的十本书

论语集释/程树德编撰,中华书局,1990年版

孟子章句集注/朱熹注,上海古籍出版社1987年版

老子(又名《道德经》)/王弼注,上海古籍出版社,1989年版

古文观止/北京中华书局,1993年版

中国哲学史新编/冯友兰著，第一至六册，人民出版社，1982年版，第七册，广东人民出版社，1999年版

思痛录/韦君宜著，北京十月文艺出版社，1998年版

马振方：推荐几本我喜爱的书

论语

庄子

世说新语笺疏/刘义庆原著，刘孝标注，余嘉锡笺疏，中华书局1983年版

唐诗选/中国社会科学院文学研究所编注，人民文学出版社1978年初版

聊斋志异/蒲松龄著，张友鹤辑校为“汇校汇注汇评”本，上海古籍出版社1978年版

段宝林：刻骨铭心的几本书

实践论/毛泽东

矛盾论/毛泽东

中国民间文学概要

中国民间文艺学

民间文学辞典

民俗的趋美律

中华民俗大全总序

世界民俗大观

毛泽东同志的青年时代/肖三

楚辞/屈原

楚辞集注/朱熹注,上海古籍出版社,1979年版

水浒传

鲁迅小说集

谁是最可爱的人/魏巍

放声歌唱/贺敬之

邓小平文选

孙钦善:就古文献学谈读书

文字学概要/裘锡圭

说文解字/许慎

说文解字注/段玉裁

汉语音韵学/王力

汉语音韵(知识丛书本)/王力

音韵学初步/王力

训诂学/洪诚

广雅疏证/王念孙

经传释词/王引之

同源字典/王力

同源字论/王力

十三经注疏

史记旧注

汉书旧注

后汉书旧注

三国志旧注

楚辞旧注/如王逸注、洪兴祖补注、朱熹集注等

文选/李善注

杜诗详注/仇兆鳌

李太白全集注/王琦

汉书·艺文志

隋书·经籍志

四库全书总目

四库提要辩证/余嘉锡

目录学发微/余嘉锡

中国目录学史/姚名达

古书版本常谈/毛春翔

书林清话/叶德辉

书林余话/叶德辉

中国版刻图录/北京图书馆编

校勘学释例(原名《元典章校补释例》)/陈垣

校勘学/钱玄

校雠学史/蒋元卿

思适斋集/顾广圻

思适斋书跋/顾广圻

四部正讹/胡应麟

中国历史研究法/梁启超

古书真伪及其年代/梁启超

伪书通考/张心澂

续伪书通考/郑良树

文献学讲义/王欣夫

中国古代史籍校读法/张舜徽

中国文献学/张舜徽

校雠广义/徐有富

日知录/顾炎武

十驾斋养新录/钱大昕

读书杂志/王念孙

经义述闻/王引之

礼逐/孙诒让

观堂集林/王国维

中国古代文化史/许树安

与是仲明论学书/戴震

陈启伟:推荐书目

大众哲学/艾思奇

楚辞

古文观止

吴楚材,吴调侯选

唐沅:推荐我最喜爱的书

呐喊/鲁迅

女神/郭沫若

子夜/茅盾

家/巴金

雷雨/曹禺

边城/沈从文

骆驼祥子/老舍

金锁记/张爱玲

围城/钱钟书

白毛女/贺敬之,丁毅

郑家馨:推荐我最喜爱的书

吴于廑学术论著自选集/吴于廑,首都师范大学出版社,1995年版

翦伯赞历史论文选集/翦伯赞,人民出版社,1979年版

历史地理学的理论与实践/侯仁之,上海人民出版社,1984年(第二版)

鲁迅全集/鲁迅，人民出版社，1981年版

红楼梦/曹雪芹，人民出版社，1973年版

孙凤城：几本对我有影响的书

重访英伦/费孝通

英人，法人，中国人/储安平

子夜/茅盾

阎国忠：书，引领你敲开美学之门

西方美学史/朱光潜，人民文学出版社，1964年版

文艺心理学/朱光潜，《朱光潜全集》第一卷，安徽教育出版社，1987年版

美学散步/宗白华，《宗白华全集》第三卷，安徽教育出版社，1994年版

生活的艺术/林语堂，上海欧风社，1941年版

美学四讲/李泽厚，安徽文艺出版社，1999年版

美学三书/李泽厚，安徽文艺出版社，1999年版

徐昌华：我最喜爱的书

语言与文化/罗常培著，北京大学出版社，1950年初版，语文出版社1989年再版

汉语口语语法/赵元任著，吕叔湘译，商务印书馆，1979年出版

现代汉语八百词/吕叔湘主编，商务印书馆，1980年5月第1版，1999年1月增订本

语法讲义/朱德熙著，商务印书馆，1982年9月第1版

修辞学发凡/陈望道著，上海大江书铺，1932年第1版，1979年9月新1版

语用学教程/索振羽著，北京大学出版社，2000年5月第1版

汉语社会语言学/孙维张著，贵州人民出版社，1991年9月第1版

学海泛槎——季羡林自述/季羡林著，山西人民出版社，2000年10月第1版

梁柱：欲与天公试比高——谈《毛泽东选集》的魅力

毛泽东选集

鲁迅全集/鲁迅，人民文学出版社，1981年出版

李大钊文集/李大钊，人民出版社，1999年出版

红楼梦/人民文学出版社

毛泽东传/金充及主编，中央文献出版社，1996年出版

五四运动史/彭明著，人民出版社，1984年出版

苏联兴亡的沉思/李振城著，改革出版社，1998年出版

周先慎:推荐我最喜爱的十种书

唐宋词选/中国社会科学院文学研究所选注,人民文学出版社,1981年版

宋诗选注/钱钟书选注,人民文学出版社,1958年版

苏轼选集/王水照选注,上海古籍出版社,1984年版

三国演义/罗贯中著,人民文选出版社,1957年版

水浒传/施耐庵著,人民文学出版社,1975年版

西游记/吴承恩著,人民文学出版社,1955年版

金瓶梅/兰陵笑笑生著,人民文学出版社,1985年版

全本新注聊斋志异/蒲松龄著,朱其恺主编,人民文学出版社,1992年版

儒林外史/吴敬梓著,南京师范大学中文系选注,人民文学出版社,1977年版

红楼梦/曹雪芹,高鹗著,中国艺术研究院红楼梦研究所整理,人民文学出版社,1982年版

冯国瑞:推荐书目

科学的丰碑——20世纪重大科技成就纵览/陈建礼主编,山东科学技术出版社,1998年出版

21世纪100个科学难题/21世纪100个科学难题编写组编,吉林人民出版社,1998年出版

系统科学/许国志主编,顾基发、车宏安副主编,上海科技教育出版社,2000年出版

现代科学的哲学探索/赵光武主编,冯国瑞、罗先汉副主编,北京大学出版社,1993年出版

系统科学辩证法/苗东升著,山东教育出版社,1998年出版

系统论信息论控制论与马克思主义认识论/冯国瑞著,北京大学出版社,1991年出 版

信息科学与认识论/冯国瑞著,北京大学出版社,1994年出版

信息科学技术与当代社会/孙小礼、冯国瑞主编,高等教育出版社,2000年出版

科学技术革命与社会主义现代化建设/冯国瑞主编,北京大学出版社,1996年出版

毛泽东哲学思想神髓/宋一秀主编,北京大学出版社,1993年出版

中国系统思维/刘长林著,中国社会科学出版社,1990年出版

林被甸:值得一读的《世界现代化进程研究丛书》

现代化新论/北京大学出版社,1993年版

现代化新论续篇/北京大学出版社,1997年版

美洲史论/中国社会科学出版社,1997年版

罗荣渠与现代化研究/北京大学出版社,1997年版

从"西化"到现代化/北京大学出版社，1990年版

现代化历程的探索/北京大学出版社，1992年版

各国现代化比较研究/陕西人民出版社，1993年版

发达国家的现代化道路/丁建弘主编，北京大学出版社，1999年版

刘煊：推荐书目

学海泛槎——季羡林自述/季羡林著，山西人民出版社，2000年10月出版

中国20世纪文艺学学术史/杜书瀛，钱竞主编，上海文艺出版社，2001年3月出版

六祖坛经/杨曾文校注，上海古籍出版社，1993年版

《梦溪笔谈》导读/胡道静、金良年著，巴蜀书社，1988年版

印度古典诗学/黄宝生著，北京大学出版社，1993年出版

中国边疆民族与环太平洋文化/凌纯声著，台湾联经出版事业公司，1979年版

李伯谦：考古学在向你招手

考古学是什么/俞伟超，中国社会科学出版社，1996年版

中国考古学：实践、理论、方法/张忠培，中州古籍出版社，1994年版

考古学专题六讲/张光直，文物出版社，1986年版

中国远古人类/吴汝康、吴新智、张森水，文物出版社，1982年版

中国文明起源新探/苏秉琦，香港商务印书馆，1997年版

仰韶文化研究/严文明，文物出版社，1989年版

史前考古论集/严文明，科学出版社，1998年版

夏商周考古学论文集/邹衡，文物出版社，1980年版

夏商周断代工程1996~2000年阶段成果报告/夏商周断代工程专家组，世界图书出版公司，2000年版

中国青铜文化结构体系研究/李伯谦，科学出版社，1998年版

考古学与科技史/夏鼐，科学出版社，1979年版

中国历史考古学论丛/徐苹芳，台湾允晨文化实业股份有限公司，1995年版

中国石窟寺研究/宿白，文物出版社

中国陶器史/中国硅酸盐学会，文物出版社，1982年版

吴慰慈：我喜欢读的几本书

大科学观/赵红州著，人民出版社1988年2月第一版，1993年4月第2版

科技经济结合论/钱时惕著，河北科学技术出版社1992年12月出版

唐诗三百首详析/喻守真编注，1948年中华书局出版

现代西方哲学/刘放桐等编著，人民出版社，1981年6月第1版

许抗生:我最喜爱读的书

老子

孙子兵法(即《孙武兵法》)

论语/孔子

肇论

坛经

李思孝:推荐书目

呐喊/鲁迅,《鲁迅全集》第一卷,人民文学出版社,1957年版

红楼梦/曹雪芹

历史在这里沉思——1966-1976年纪实/周明主编,华夏出版社,1986年版

哥德尔、艾舍尔、巴赫——集异璧之大成/侯世达,1997年版

钱理群:真的书

鲁迅全集/鲁迅,人民文学出版社,1981年版

顾准文集/顾准,贵州人民出版社,1994年版

何顺果:为了站在时代的高度

改变世界——解读美国新经济/朱文晖

葛晓音:我最喜爱的书

唐诗论丛/陈贻焮著,湖南人民出版社

空间的驰想/林庚著,北大出版社,2000年版

艺境/宗白华著,北京大学出版社,1987年版

文史通义校注/(清)章学诚著,叶瑛校注,中华书局,1985年版

论语新解/钱穆著,巴蜀书社,1985年版

东坡乐府/苏轼著,上海古籍出版社,1979年版

苏力:推荐书目

毛泽东选集/毛泽东

乡土中国/费孝通

王余光:我所喜爱的十种书

诗经今注/高亨柱,1980年上海古籍出版社出版

史记/司马迁著,1959年中华书局标点本

胡适自述/一般包括《四十自述》与《胡适口述自传》(唐德刚译)

中国历史地图集/谭其骧主编,1982年地图出版社出版

中国史学名著/钱穆著,1973年台北三民书局出版

爱晚庐随笔/张舜徽著,1991年湖南教育出版社出版

三、出版社推荐书目

书是人类奋斗史上最为不朽的硕果。多少的殿堂,多少的雕像,已经随着时代湮灭。只有书,还始终屹立着。伟大的思想,伟大的灵魂永远经得起时间的考验。从几世纪前,在作者的心中孕育成熟,直至今日。始终是经久而常新,字里行间依然跳跃着当年的思想和宏论,仿佛先哲就在眼前。

—— 苏格兰作家迈尔斯

30. 中华书局10本好书陪你一起重温经典

中华书局创立于1912年，经历了沧桑百年，奉行“开启民智”的宗旨，云集了大批中华专家学者及社会名流，陆续出版具有深远影响的辞书、古籍和刊物，享誉海内外。以下是中华书局推荐的十种好书：

三国闲话/郑逸梅

《二十四诗品》讲记/朱良志

四书/陈晓芬,王国轩,万丽华,蓝旭译

改变历史的二十四场战争/熊剑平等

孙子兵法——中华兵书经典丛书/陈曦

周易入门/曹胜高,刘银昌

字里中国/张素凤,宋春淑,娜红

牡丹亭/(明)汤显祖

中国文化的根本精神/楼宇烈

中华圣贤讲什么/梁启超,胡怀琛

31. 中华书局专题书目汇总

此处摘录“中华书局1912”公众号内的专题书单部分，包括：

领导干部推荐书单、《论语》系列书单、古典诗词专题、古典散文专题、琴棋专题、行游天下专题和佛学书单。

(1)领导干部推荐书单：

历史：

史记(全十册)(丛书名：点校本二十四史修订本(繁体竖排))/(汉)司马迁撰，(宋)裴骃集解，(唐)司马贞索隐，(唐)张守节正义，顾颉刚领衔点校，赵生群主持修订

贞观政要(丛书名：中华经典名著全本全注全译丛书)/骈宇骞译注

《资治通鉴》与家国兴衰/张国刚著

晚明大变局/樊树志著

哲学：

论语译注(简体字本)/杨伯峻译注

孟子译注(简体字本)/杨伯峻译注

大学中庸译注(简体字本)/王文锦译注

中国古代哲学十五讲/何郁著

宋明理学十五讲(丛书名：名家通识讲座书系)/杨立华著

文学：

唐诗三百首(升级版)(丛书名：中华经典藏书(升级版))/顾青编注

宋词三百首(升级版)(丛书名：中华经典藏书(升级版))/吕明

涛、谷学彝编注

古文观止（全二册）（丛书名：中华经典名著全本全注全译丛书）/钟基、李先银、王身钢译注

人间词话（丛书名：跟大师学国学）/王国维著，徐调孚校注

一本书读懂经典古诗人/大老振著

综合：

中华传统文化经典百篇（上下册）/袁行霈、王仲伟、陈进玉主编，国务院参事室、中央文史研究馆编

中国文化的根本精神/楼宇烈著

(2)《论语》系列书单

论语——中华经典诵读/张燕婴译注

论语诵读本/“中华诵·经典诵读行动”读本系列编委会编

论语诵读本（附繁体参照本）/钱逊注释

论语——中小学传统文化必读经典/李申编著

论语——中华经典指掌文库/张燕婴译注

论语——中华经典藏书（升级版）/陈晓芬译注

论语·大学·中庸——中华经典名著全本全注全译丛书/陈晓芬徐儒宗译注

论语译注（简体字本）/杨伯峻译注

论语译注（大字本）/杨伯峻译注

论语译注（随身本）/杨伯峻译注

《论语》分主题精读(诵读版)/杨玉英编著

论语今读(精装本)/李泽厚著

论语集释(上下册)——中华国学文库/程树德撰,程俊英、蒋见元点校

论语集释(全四册)/程树德撰,程俊英、蒋见元点校

论语义疏——中国思想史资料丛刊/(梁)皇侃撰,高尚榘校点

论语正义(上下册)——十三经清人注疏/(清)刘宝楠撰,高流水点校

(3)古典诗词专题

全集:

乐府诗集(新排本)(平装全五册)(丛书名:中国古典文学基本丛书)/(宋)郭茂倩编

全唐诗(全25册)/(清)彭定求等编

全宋词(简体增订本)(全5册)/唐圭璋编纂,王仲闻参订,孔凡礼补辑

古诗十九首集释(丛书名:中国古典文学基本丛书)/隋树森集释

陶渊明集笺注(附诗文句索引)(全两册)(丛书名:中国古典文学基本丛书)/袁行霈撰

王维集校注(修订本)(全四册)(丛书名:中国古典文学基本丛书)/(唐)王维撰,陈铁民校注

李太白全集(全两册)(丛书名:中华国学文库)/(清)王琦注

杜诗详注(全八册)(丛书名:中国古典文学基本丛书)/(清)仇兆鳌注

苏轼词编年校注(全三册)(丛书名:中国古典文学基本丛书)/邹同庆、王宗堂著

稼轩词编年笺注(典藏版)(全二册)(丛书名:中国古典文学丛书)/(宋) 辛弃疾 著,邓广铭笺注

饮水词校笺(丛书名:中国古典文学基本丛书)/(清)纳兰性德撰,赵秀亭、冯统一校笺

大众普及:

《二十四诗品》讲记/朱良志著

沧浪诗话(丛书名:中华经典诗话)/(宋)严羽撰,普慧、孙尚勇、杨遇青评注

六一诗话·温公续诗话(丛书名:中华经典诗话)/(宋)欧阳修、司马光撰,克冰评注

康震讲诗词经典/康震著

四时之诗:蒙曼品最美唐诗/蒙曼著

(4)古典散文专题

总集:

六臣注文选/(梁)萧统编,(唐)李善、吕延济、刘良、张铣、吕向、李周翰注

宋文鉴(全三册)/(宋)吕祖谦编,齐治平点校

经史百家杂钞(上下册)(丛书名:中华经典普及文库)/(清)曾国藩编纂,余础基整理

古文辞类纂(全两册)/(清)姚鼐著

别集:

韩愈文集汇校笺注(全七册)(丛书名:中国古典文学基本丛书)/(唐)韩愈著,刘真伦、岳珍校注

苏轼文集(全六册)(丛书名:中国古典文学基本丛书)/孔凡礼点校

徐霞客游记校注(上下册)(丛书名:中华国学文库)/朱惠荣校注

闲情偶寄(上下册)(丛书名:中华经典名著全本全注全译丛书)/(清)李渔著,杜书瀛译注

陶庵梦忆 西湖梦寻(丛书名:中华国学文库)/(明)张岱撰,马兴荣点校

经典文本普及:

中华传统文化经典百篇(上下册)/国务院参事室、中央文史研究馆编,袁行霈、王仲伟、陈进玉主编

名家精译古文观止/中华书局编辑部编

文心雕龙(丛书名:中华经典名著全本全注全译丛书)/王志彬译注

世说新语（上下册）（丛书名：中华经典名著全本全注全译丛书）/朱碧莲、沈海波译注

大家小书唐宋八大家——古代散文的典范/葛晓音选译

古文鉴赏辞典（上下册）（丛书名：中国文学鉴赏辞典大系）/陈振鹏、章培恒编

(5)琴棋专题

琴·棋·原典：

溪山琴况（丛书名：中华生活经典）/（明）徐上瀛著，徐樑编著

琴史（丛书名：中华生活经典）/（宋）朱长文著，林晨译注

棋经十三篇（丛书名：中华生活经典）/（宋）张学士著，诸葛潜潜译注

琴·棋·文化：

秋籁居琴话/成公亮 著

近世古琴逸话/严晓星著

知中·宇宙之道，就在围棋

琴谱：

秋籁居琴谱/成公亮著

古琴曲集（第一集）/许健、王迪编

古琴曲集》（第二集）/许健、王迪编

棋谱：

中国象棋谱大全修订本/程明松主编，杨明忠、屠景明副主编

围棋文献集成：潞藩辑纂万汇仙机棋谱（丛书名：棋文化全书·围棋全书）/王国平主编

（6）山河辽阔，行者无疆专题

长江三日/刘白羽

桨声灯影里的秦淮河/朱自清

桂林山水甲天下/陈淼

雨中登泰山/李健吾

原典与学术著作：

水经注校证（丛书名：中华国学文库）/（北魏）郦道元著，陈桥驿校证

洛阳伽蓝记校释（丛书名：中华国学文库）/（北魏）杨衒之撰，周祖谟校释

徐霞客游记校注（全二册）（丛书名：中华国学文库）/（明）徐弘祖撰，朱惠荣校注

东京梦华录注（丛书名：中国古代都城资料选刊）/（宋）孟元老撰，伊永文笺注

元和郡县图志（上下册）（丛书名：中国古代地理总志丛刊）/（唐）李吉甫撰，贺次君点校

读史方舆纪要(全十二册)（丛书名：中国古代地理总志丛刊）/（清）顾祖禹撰，贺次君、施和金点校

大唐西域记（丛书名：传世经典文白对照）/（唐）玄奘、辩机著，

董志翘译

宋本方舆胜览/(宋)祝穆编,祝洙著

北平历史地理/侯仁之著,邓辉、申雨平、毛怡译

经典文本普及与大众普及:

徐霞客游记(全四册)(丛书名:中华经典名著全本全注全译丛书)/朱惠荣、李兴和译注

洛阳伽蓝记(丛书名:中华经典名著全本全注全译丛书)/尚荣译注

山海经(丛书名:中华经典名著全本全注全译丛书)/方韬译注

中国历史政治地理十六讲/周振鹤著

我们的中国(套装共四册)/李零著

(7)佛学书单

一本书学会佛教常识/张培锋著

佛教十五题/季羡林著

寻找安详/郭文斌著

邓石如篆书心经/中华书局编辑部编

中国佛学源流略讲/吕澂著

中国禅宗史/释印顺著

大唐西域记/(唐)玄奘、辩机著,董志翘译注

赵州录校注/(唐)文远记录,徐琳校注

32.2019年度中华书局双十佳图书

在2019年的评选中，共有50种图书入围了“双十佳好书”的候选书单。候选图书由中华书局编辑委员会从2018年12月1日至2019年11月30日出版的、在公共市场销售的500余种新书中精选出来，分古籍学术和大众人文两类进行评选。

终评会的评委由来自高校、研究机构、书评媒体、出版业内等多领域专家组成。评委分别就古籍学术类和大众人文类入围图书进行充分讨论，结合出版社对入围图书的内容、特色、学术价值、市场反应等方面的介绍，并充分参考网络投票结果，最终评选出中华书局“2019年度双十佳图书”。

古籍学术类十佳图书：

出土战国文献字词集释（全十七册）（含索引卷）/曾宪通，陈伟武主编

敦煌本数术文献辑校（全三册）/关长龙辑校

李镜池周易著作全集（全四册）/李镜池著，李铭建编

龙泉司法档案选编（全五辑96册）/包伟民主编

明清社会史论/何炳棣著，徐泓译注

清代考据学/孙钦善著

隋书(点校本二十四史修订本)(全六册)/(唐)魏徵等撰,汪绍楹、阴法鲁点校,吴玉贵、孟彦弘主持修订

倭寇与明代的东亚秩序/刘晓东著

五百家注韩昌黎集(中国古典文学基本丛书)(全四册)/(唐)韩愈撰,(宋)魏仲举集注,郝润华、王东峰整理

中国铜器综述/陈梦家著,王睿、曹菁菁、田天、孙莹莹译

美国所藏中国铜器集录(订补本)(全三册)/陈梦家编著,中国社会科学院考古研究所编辑

大众人文类十佳图书:

重写晚明史:内忧与外患/樊树志著

重写晚明史:王朝的末路/樊树志著

二条十年(1955—1964)/赵珩著

甲骨文常用字字典/刘钊、冯克坚主编

容庚北平日记/容庚著,夏和顺整理

生死秦始皇/辛德勇著

书法学徒记/刘涛撰

说文解字十二讲/万献初讲授,刘会龙撰理

问彼嵩洛——中原访古行记/耿朔、仇鹿鸣编

造物记:云南古茶园的秘密/周重林、杨春、罗安然等著

中华先贤人物故事汇

33.2018年度中华书局双十佳图书(节选)

2018年,共有四十四种图书入围“双十佳好书”候选书单,它们由中华书局编辑委员会从2017年12月1日至2018年11月30日出版、能实现公共市场销售的近500种新书中遴选而出。

古籍整理类十佳图书:

尚书注疏汇校(全九册)/杜泽逊主编

毛诗传笺(丛书名:中国古典文学基本丛书)/(汉)毛亨传;(汉)郑玄笺;(唐)陆德明音义;孔祥军点校

公羊义疏(全六册)(丛书名:十三经清人注疏)/(清)陈立撰;刘尚慈点校

尔雅正义(全三册)/(清)邵晋涵撰;李嘉翼、祝鸿杰点校

说文部首段注疏义(全二册)/胡安顺主编

宋书(点校本二十四史修订)(全八册)/(梁)沈约撰;王仲荦点校;丁福林主持修订

秦汉简牍医方集注/张雷编著

南华真经义海纂微(全三册)(丛书名:道教典籍选刊)/(南宋)褚伯秀撰;方勇点校

查慎行全集(全二十册)/(清)查慎行著;范道济点校

北宋词谱/田玉琪编著

人文社科类十佳图书：

郑天挺西南联大日记/郑天挺著

赵万里先生年谱长编/刘波撰

秦汉儿童的世界/王子今著

王安石年谱长编/刘成国撰

发现燕然山铭/辛德勇著

物色：金瓶梅读"物"记/扬之水著

佛在敦煌/段文杰著

中国文学家大辞典·明代卷/李时人编著

四夷居中国：东亚大陆人类简史/张经纬著

34.2017年度中华书局双十佳图书（节选）

在2017年的评选中，共有近六十种图书入围了"双十佳好书"的候选书单。这些候选图书是由中华书局编辑委员会从2017年中华书局出版的近八百种新书中精选出来的，从某种意义上代表了书局多年以来坚守的传统文化的出版方向和产品实际。

此次评选继续秉承"要求兼顾社会效益和经济效益。重视原创。重印书、简单修订再版不列入"的评书原则，古籍学术图书要求符合学术规范，重视积累；人文社科图书注重思想性和社会影响力。

古籍学术类十佳图书(排名不分先后):

汉魏六朝杂传集/熊明辑校

辽史补注/(元)脱脱等撰;陈述补注

黄道周集(丛书名:理学丛书)/(明)黄道周撰,翟奎凤、郑晨寅、蔡杰整理

魏书(精装)(丛书名:点校本二十四史修订本)/(北齐)魏收撰;唐长孺、陈仲安、王永兴、魏连科点校;何德章负责修订

南齐书(精装)(丛书名:点校本二十四史修订本)/(梁)萧子显撰,王仲荦点校,景蜀慧主持修订

大唐众经音义校注(丛书名:音义文献丛刊)/(唐)释玄应撰,黄仁瑄校注

尔雅义疏(丛书名:十三经清人注疏)/(清)郝懿行撰,王其和、吴庆峰、张金霞点校

国家图书馆藏王国维往还书信集/国家图书馆古籍馆编

近思录集解(丛书名:理学丛书)/(南宋)叶采集解,程水龙校注

殷墟小屯村中村南甲骨刻辞类纂/李霜洁编著

人文社科类十佳图书(排名不分先后):

《清明上河图》:北宋繁华记忆/薛凤旋著

中国古代技术文化/江晓原著

黄花黎/周默著

台湾汉语音韵学史(丛书名:国家哲学社会科学成果文库)/李

无未著

逝者如斯：六十年知见学人侧记/赵珩著

唐代高层文官/赖瑞和著

何炳棣思想制度史论--何炳棣著作集（丛书名：何炳棣著作集）/何炳棣著

陟彼景山：十一位中外学者访谈录/戴燕主编

京都如晤/苏枕书著

35.2016年度中华书局双十佳图书（节选）

本次参选图书是中华书局编辑委员会从2016年中华书局出版的近千种新书中精选出来的，从某种意义上代表了书局一年来的发展方向和产品定位。古籍学术图书要求符合学术规范，重视积累；人文社科图书注重思想性和社会影响力。

终评会评委由来自高校、研究机构、书评媒体的专家组成。评委分别就古籍学术类和人文社科类的50种入围图书进行分组讨论，最终评选出中华书局“2016年度双十佳图书”。

古籍学术类：

困学纪闻注/（宋）王应麟著，（清）翁元圻辑注，孙通海点校

辽史（丛书名：点校本二十四史修订本）/（元）脱脱等撰，冯家

昇、陈述点校，刘浦江主持修订

周礼正义（丛书名：孙诒让全集）/（清）孙诒让著，汪少华点校

无上秘要（丛书名：道教典籍选刊）/周作明点校

陈梦家学术论文集/陈梦家著

中华民国时期外交文献汇编1911-1949/王建朗主编

赵少咸文集/赵少咸著，赵吕甫整理

宋史全文/汪圣铎点校

孝经郑注疏（丛书名：十三经清人注疏）/（清）皮锡瑞 撰，吴仰湘点校

杨炯集笺注（丛书名：中国古典文学基本丛书）/祝尚书笺注

人文社科类：

禅宗十五讲/孙昌武著

龙与鹰的帝国/欧阳莹之著

海外馆藏中国文物精萃（全三册）/寇勤主编

赵无极中国讲学笔录/孙建平著

《资治通鉴》与家国兴衰/张国刚著

殊方未远：古代中国的疆域、民族与认同/葛兆光、徐文堪、汪荣祖、姚大力等著，《东方早报·上海书评》编辑部编

古迹/罗哲文著

中华传统文化经典百篇（上下册）/国务院参事室、中央文史研究馆编，袁行霈、王仲伟、陈进玉主编

明史十讲/陈梧桐、彭勇著

36.2015年度中华书局双十佳图书

2015年中华书局共出书1800多种，出书的核心是弘扬传统文化，出书的方向主要有两大类，一是古籍整理和学术著作，二是面向市场的传统文化普及读物。顾青指出，中华书局的书都注重原创性，其中古籍整理侧重学术含量，学术著作强调知识贡献，而普及读物则更看重市场影响力。此次的评选，中华书局提前从2015年所出新书中遴选出50种备选书目交与各评委进行初选，评选会上，经过学者和媒体专家的阅读、讨论，并综合中华书局官方微信上的读者投票意见，最终评出中华书局2015年度“双十佳”图书。

古籍学术类十大好书

酉阳杂俎校笺/(唐)段成式撰，许逸民校笺

古新圣经残稿(全九册)/李奭学，郑海娟主编

唐五代传奇集(全六册)/李剑国辑校

旧五代史(全六册)(修订本)/(宋)薛居正等撰，陈垣、刘乃和初点，复旦大学点校，陈尚君主持修订

吕留良诗笺释(全三册)/俞国林撰

王文成公全书/(明)王守仁著，王晓昕、赵平略点校

王力全集/王力著

美国图书馆藏宋元版汉籍图录/曹亦冰、卢伟主编

切字捷要研究/李军著

皮锡瑞全集/吴仰湘编

人文社科类十大好书

晚明大变局/樊树志著

京都古书店风景/苏枕书著

故宫营造(插图典藏本)/单士元著

衰世与西法:晚清中国的旧邦新命和社会脱榫/杨国强著

我相信中国的前途/黄仁宇著

前尘梦影新录/黄裳著

二重奏:红学与清史的对话(全二册)/黄一农著

百年斯文:文化世家访谈录/周景良、赵珩等口述,郑诗亮采写

秋籁居忆旧/成公亮口述,严晓星执笔

红楼梦日历(2016)/红楼梦精雅生活设计中心编

37.2014年度中华书局双十佳图书

2014年“双十佳”图书评选,从奖项设置看,体现了中华书局既聚焦于传统文化、又根据读者群作同心圆式拓展的产品结构;从评委组成看,既有高校和研究机构的学者,也有专业书评人、独

立书店经理人和来自传媒界的翘楚。总的目标是兼顾图书的学术价值和传播价值。

正如本次评书会主持人、中华书局总编辑顾青先生所说:“我们希望通过专家评审、媒体推动,给读者推荐一个中华书局的年度精品书单,我们将此视为服务读者的一个内容,以后常年坚持做下去。”这里所说的“读者”,既包括专业研究者,也包括传统文化爱好者。

古籍整理类十大好书

西夏书校补(全四册)

史记(修订平装本)(全十册)

长沙马王堆汉墓简帛集成(全七册)

花间集校注(全四册)

续高僧传(全三册)

龙泉司法档案选编(第二辑)(1912–1917)

商周金文辞类纂(全八册)

康輶纪行

古吴汪孟舒先生琴学遗著(全二册)

北京大学图书馆藏“大仓文库”书志(全五册)

人文社科类十大好书

中国古代物质文化

想象异域——读李朝朝鲜汉文燕行文献札记

商周古文字源流疏证(全四册)

织色入史笺——中国历史的色象

古琴制作法

李泽厚对话集(全七册)

建筑的意境

陈三立年谱长编(全三册)故宫藏美

中国香学

38.2014年度全国文化遗产十佳图书评选推介(节选)

在第10个中国文化遗产日即将到来之际,由国家文物局指导、中国文物报社主办的“2014年度全国文化遗产十佳图书评选推介”活动已圆满落幕。入选中国经典如下:

中国古代物质文化/孙机著,中华书局2014年7月出版

中国考古学大辞典/王巍主编,上海辞书出版社2014年6月出版

故宫识珍/郑欣淼著,故宫出版社2014年1月出版

丝绸之路/国家文物局著,文物出版社2014年11月出版

二里头：1999-2006（全五册）/社会科学院考古研究所编著，文物出版社2014年11月出版

何以中国：公元前2000年的中原图景/许宏著，生活·读书·新知三联书店2014年3月出版

奢华之色：宋元明金银器研究/扬之水著，中华书局2010年4月出版

中国绘画全集（修订版全30卷）/中国古代书画鉴定组编著，文物出版社2014年出版

感悟考古/李伯谦著，上海古籍出版社2014年7月出版

39. 三联书店2019年度十大好书（节选）

2019年12月13日-25日，三联书店发起“生活·读书·新知三联书店2019年度读者选书”活动，共有1500位读者参与了网络投票。综合网络投票和33位特约评委（后附名单）的票选，选出了三联书店2019年度的十本好书及副榜，现将中国经典列出如下：

波斯笔记（上下册）/李零著

大明/柯律格著，黄小峰译

费孝通晚年谈话录/张冠生，记录整理

中国石窟寺研究/宿白著

红军长征记/刘统整理注释

中国绘画中的“女性空间”/巫鸿著

胡天汉月映西洋/张国刚著

图说中国文化史/吴方著

“山中”的六朝史/魏斌著

副榜

生命的深度:《三体》的哲学解读/吴飞著

史诗时代的抒情声音:二十世纪中期的中国知识分子与艺术家/王德威著

男性妥协:中国的城乡迁移、家庭和性别/蔡玉萍、彭铟旎著,罗鸣、彭铟旎译

人类的终极问题/袁越著

海昏侯新论/辛德勇著

香港政制发展历程(1843-2015)/王凤超著

我的改变:个人的现代化40年/王石著

40. 三联书店2018年度十大好书(节选)

2018年12月4日-25日,三联书店举办“2018年读者选书”评选活动。经店内初选、读者网络投票、专家评委投票三个环节,最终选出三联书店“2018年度十本好书”及副榜,现将中国经典列出

如下：

左图右史与西学东渐——晚清画报研究/陈平原著

鼏宅禹迹：夏代信史的考古学重建/孙庆伟著

犍陀罗文明史/孙英刚、何平著

图说敦煌二五四窟/陈海涛、陈琦著

茅海建戊戌变法研究（套书，共四册）/茅海建著

近代中国社会的新陈代谢/陈旭麓著

万有汉字——《说文解字》部首解读/何大齐著

历史与人：重新思考普遍性问题/孙歌著

副榜

马衡日记（1948-1955）/马衡著，马思猛整理

刺桐城：滨海中国的地方与世界/王铭铭著

大唐之国：1400年的记忆遗产/葛承雍著

汉字与中华文化十讲/王宁著

幌马车之歌（增订版）/蓝博洲著

幌马车之歌续曲/蓝博洲著

森林帝国/阎崇年著

诗与它的山河：中古山水美感的生长/萧驰著

41. 三联书店2017年度十大好书(节选)

2017年12月4日–15日,三联书店举办“2017年读者选书”评选活动。经店内初选、3531位读者网络投票、33位专家评委投票三个环节,最终选出三联书店“2017年度十本好书”。此次选书,前20名图书竞争激烈。因此,在公布十本好书的同时,也将第十一至二十名图书公布,作为2017十本好书的副榜。现将中国经典列出如下:

1944:龙陵会战/余戈著

鉴若长河:中国古代铜镜的微观世界/霍宏伟著

全球景观中的中国古代艺术/巫鸿著

中国考古学:旧石器时代晚期到早期青铜时代/刘莉、陈星灿著

古诗词课/叶嘉莹著

中国近代海军史事编年(1860–1911)/姜鸣著

人伦的“解体”:形质论传统中的家国焦虑/吴飞著

在台湾发现历史:岛屿的另一种凝视/杨渡著

御窑千年/阎崇年著

副榜

拉铁摩尔与边疆中国/唐晓峰、姚大力等著

重写旧京:民国北京书写中的历史与记忆/季剑青著

家与孝:从中西间视野看/张祥龙著

以赛亚之歌/冯象译著

良训传家:中国文化的根基与传承/韩昇著

阅读力/聂震宁著

42. 三联书店2016年度十大好书(节选)

2016年11月7日,三联书店“2016年读者选书”评选活动正式启动。从2016年400余种出版物中选出60本书的“候选书单”,并按三联书店的出版规划,分为人文阅读、思想学术、生活新知三个大类,邀请读者通过网络进行投票。一周时间,1245位读者的投票选出了30种“入围书单”。随后,37位学者、作家、媒体人组成的专家评委会投票选出了“三联书店2016年度十本好书”。

此次选书,前20名的图书竞争激烈,票数接近。因此,公布十本好书的同时,也将第十一到二十名图书公布(按出版时间先后排序),作为补遗。现将中国经典列出如下:

我们的中国(一函四册)/李零著

从历史中醒来:孙机谈中国古文物/孙机著

一百年漂泊:台湾的故事/杨渡著

鲁迅藏浮世绘/北京鲁迅博物馆编

百年旧痕:赵珩谈北京/赵珩口述,李昶伟采写

东方照相记:近代以来西方重要摄影家在中国/南无哀著

北上:党中央与张国焘斗争始末/刘统著

我的精神自传/钱理群著

大都无城:中国古都的动态解读/许宏著

副榜

败在海上:解读中国古代海战图/梁二平著

无悔:陈明忠回忆录/陈明忠口述,李娜整理编辑,吕正惠校订

叶嘉莹作品5种【《迦陵谈诗》、《迦陵谈诗二集》、《好诗共欣赏陶渊明、杜甫、李商隐三家诗讲录》、《清词选讲》、《迦陵谈词》】/叶嘉莹著

张充和诗文集/白谦慎编

生死关头:中国共产党的道路抉择/金冲及著

傅雷作品6种(三联纪念版)【《傅雷书信选》(增补本)、《傅雷谈艺录》(增补本)、《世界美术名作二十讲》、《艺术哲学》、《傅译传记五种》、《人生五大问题》(附《恋爱与牺牲》)】/傅雷著

43.三联书店2015年度的十本好书(节选)

2015年,2351位读者网络投票,30位特约评委票选"生活·读书·新知三联书店2015年度十本好书"。现将中国经典公布如下:

存牍辑览/范用编著

北岛集/北岛著

秋风宝剑孤臣泪:晚清的政局和人物续编/姜鸣著

秦崩:从秦始皇到刘邦/李开元著

楚亡:从项羽到韩信/李开元著

诗圣杜甫/吕正惠著

中华文明的核心价值:国学流变与传统价值观/陈来著

自然社会:自然法与现代道德世界的形成/李猛著

由巫到礼 释礼归仁/李泽厚著

44.三联书店2014年度的十本好书(节选)

2014年12月23日-30日,三联书店在网上发起"生活·读书·新知三联书店2014年度读者选书"活动,共有1273位读者参与了网络投票。我们综合网络投票和26位特约评委(后附名单)的票选,选出了三联书店2014年度的十本好书,现将中国经典公布如下:

1944:腾冲之围/余戈著

吴宓与陈寅恪(增订本)/吴学昭著

何以中国:公元前2000年的中原图景/许宏著

我们的经典(精装函套)/李零著

和王世襄先生在一起的日子/田家青著

文学史微观察/李洁非著

回应桑德尔及其他/李泽厚著

美在青苔/李长声著

四、面向大众的导读书目

“人生之乐，莫过闭门读书，得一僻书，识一奇字，遇一异事，见一佳句，不觉踊跃，虽丝竹满前，绮罗盈目，不足喻其快也。”

——（明）徐 《笔精·读书乐》

“挥汗读书不已，人皆怪我何求。我岂更求荣达，日长聊以销忧。”

——（宋）秦观《宁浦书事》

45. 中外文学书目答问(节选)

《中外文学书目答问》,上下两册,季羡林主编,乔默,江溶编。北京:中国青年出版社,1986年4月。

季羡林(1911~2009),梵文学家、翻译家,北京大学东方语言文学系教授。著有《罗摩衍那初探》,译有《沙恭达罗》、《罗摩衍那》等。

《中外文学书目答目》是一本为初学者指点自学门径,辅导青年文学爱好者及大、中学生阅读中外古今文学作品和文学理论著作的普及读物。本书推荐了266种文学图书,大多为世界名著或重要作家有代表性的优秀作品,其中包括中国古典文学部分106种,中国现、当代文学部分35种,文学理论部分25种,西方文学部分53种,东方文学部分20种,俄苏文学部分27种。

推荐者:

季羡林(北京大学教授)　　岳凤麟(北京大学教授)

杨周翰(北京大学教授)　　褚斌杰(北京大学教授)

李赋宁(北京大学教授)　　倪其心(北京大学教授)

郭麟阁(北京大学教授)　　赵齐平(北京大学教授)

赵萝蕤(北京大学教授)　　孙玉石(北京大学教授)

陈占元(北京大学教授)　　张钟(北京大学教授)

李明滨(北京大学教授)　　张少康(北京大学教授)

中国文学史/游国恩
中国文学史/中国社会科学院文学研究所中国文学史编写组
历代诗歌选/季镇淮、冯钟芸等选注
中国历代文选/四川师范学院中文系古典文学教研组选注
中国古典短篇小说/上海文艺出版社
先秦文学史参考资料/北京大学中国文学史教研室
两汉文学史参考资料/北京大学中国文学史教研室
古神话选释/袁珂
中国古代寓言选/北京大学中文系古典文献专业
诗经选/余冠英注译
春秋左传读本/王伯祥选注
国语选/傅庚生选注
战国策选讲/刘忆萱选讲
论语译注/杨伯峻译注
孟子译注/杨伯峻译注
庄子浅注/曹础基注
韩子浅解/梁启雄注
楚辞选/马茂元选注
史记选/王伯祥选注
汉书选/顾廷龙、王煦华选注
古诗十九首初探/马茂元
汉魏六朝诗选/余冠英选注
魏晋南北朝文学史参考资料/北京大学中文系古代文学教研室编
乐府诗选/余冠英选注
三曹诗选/余冠英选注
陶渊明集/逯钦立校注
庾信诗赋选/谭正璧、纪馥华选注
汉魏六朝赋选/瞿兑园选注
汉魏六朝散文选/陈中凡选注
汉魏六朝小说选/徐震堮选注
唐诗选/中国社会科学院文学研究所选注
唐诗选/马茂元选注
唐诗三百首详析/喻守真编注
王维诗选/陈贻焮选注
李白诗选/复旦大学中文系古典

文学教研室选注
杜甫诗选/山东大学中文系古典文学教研室编
韩愈文选/童第德选注
柳宗元诗文选/贝远辰选注
白居易诗选/顾学颉、周汝昌选注
李贺诗集/叶葱奇编注
杜牧诗选/缪钺选注
李商隐诗选/安徽师范大学中文系古代文学教研组选注
唐宋词选/中国社会科学院文学研究所编选、中华书局出版
南唐二主词校订/王仲闻
唐代散文选注/张　之选注
唐宋传奇选/张友鹤选注
唐宋词选/中国社会科学院文学研究所编、人民文学出版社出版
宋文选/四川大学中文系古典文学教研室选注
宋诗选注/钱钟书选注
宋词选/胡云翼选注
欧阳修文选/杜维沫、陈新选注
欧阳修诗选/施培毅选注
苏轼诗选/陈迩冬选注
苏轼词选/陈迩冬选注
黄庭坚诗选/潘伯鹰选注
李清照诗词选注/刘忆萱选注
陆游诗选/游国恩、李易选注
杨万里选集/周汝昌选注
范成大诗选/周汝昌选注
稼轩词编年笺注/邓广铭注
龙川词校笺/夏承焘笺注
姜白石词编年笺校/夏承焘笺注
文天祥诗选/黄兰坡选注
元好问诗选/郝树候选注
辽金元诗选/章荑荪选注
关汉卿戏曲选/人民文学出版社编辑
西厢记/王实甫著;王季思校注
元杂剧选注/王季思等选注
琵琶记/(元)高明著;钱南扬校注
中国戏曲通史/张庚、郭汉城主编

元散曲选注/王季思等主编
元明清诗文选/米治国等选注
中国小说史/北京大学中文系
话本选/吴晓铃等选注
三国演义/(明)罗贯中
水浒传/(明)施耐庵
西游记/(明)吴承恩
东周列国志/(明)冯梦龙,蔡元放编
牡丹亭/(明)汤显祖著;徐朔方、杨笑梅校注
明人杂剧选/周贻白选注
明清传奇选/赵景深、胡忌选注
明清文言小说选/薛洪勣等选注
聊斋志异选/(清)蒲松龄著;张友鹤选注
水浒后传/陈忱
说岳全传/(清)钱彩、金丰
隋唐演义/(清)褚人获
明代散文选注/刘世德选注
桃花扇/(清)孔尚任著;王季思等注
长生殿/(清)洪昇著;徐朔方校注
吟风阁杂剧/(清)杨潮观著;胡士莹校注
儒林外史/(清)吴敬梓
红楼梦/(清)曹雪芹
镜花缘/(清)李汝珍
清代散文选注/王荣初,蔡一平选注
近三百年名家词选/龙榆生编选
官场现形记/(清)李宝嘉
二十年目睹之怪现象/(清)吴沃尧著;张友鹤校注
老残游记/(清)刘鹗著;陈翔鹤校,戴鸿森注
孽海花/曾朴
晚清小说史/阿英
汪笑侬戏曲集/汪笑侬
近代诗选/北大中文系五五级文学专业选注
人境庐诗草笺注/黄遵宪著;钱仲联笺注
康有为诗文选/康有为著;人民文学出版社编辑部编选

严复诗文选/严复著;周振甫选注

柳亚子诗选/柳亚子著;徐文烈、刘斯翰编选

辛亥革命烈士诗文选/萧平编;吴小如注

呐喊/鲁迅

彷徨/鲁迅

鲁迅选集(下)/鲁迅

女神/郭沫若

郭沫若历史剧作选/郭沫若

红烛与死水/闻一多

叶圣陶选集/叶圣陶

朱自清诗文选集/朱自清

冰心选集/冰心

子夜/茅盾

茅盾短篇小说集/茅盾

家/巴金

骆驼祥子/老舍

曹禺选集/曹禺

赵树理文集(第一卷)/赵树理

暴风骤雨/周立波

太阳照在桑干河上/丁玲

王贵与李香香/李季

艾青诗选/艾青

革命烈士诗抄/萧三主编

革命烈士诗抄续编/萧三主编

中国现代文学史/唐弢,严家炎主编

中国现代文学史参考丛书/北京大学、北京师范大学、北京师范学院中文系现代文学教研室协作编选

红旗谱/梁斌

红岩/罗广斌,杨益言

红日/吴强

创业史/柳青

青春之歌/杨沫

李自成/姚雪垠

在和平的日子里/杜鹏程

郭小川诗选/郭小川

贺敬之诗选/贺敬之

复仇的火焰/闻捷

东风第一枝/杨朔

长河浪花集/秦牧
当代文学概观/张钟等编著
文学的基本原理/以群主编
文学理论学习资料/北京大学中文系文艺理论教研室编
马克思恩格斯列宁斯大林论文艺/北京大学中文系文艺理论教研室编
毛泽东论文学和艺术
马克思恩格斯美学思想浅说/李思孝
鲁迅论文学与艺术/吴子敏等编选
美学概论/王朝闻主编
谈美书简/朱光潜
美学散步/宗白华
美的历程/李泽厚
西方美学史(上、下两册)/朱光潜
西方文论选/伍蠡甫主编
中国文学理论批评史(上、下两册)/敏泽
中国历代文论选(一卷本)/郭绍虞,王文生主编
文心雕龙选译/周振甫选注
诗品注/陈延杰
司空图诗品解说/祖保泉
诗词例话/周振甫
人间词话/王国维著;徐调孚注;王幼安校订
诗法举隅/林东海
李笠翁曲话/陈多注释

46. 中国文学古籍选介

《中国文学古籍选介》,魏凯等编,山西教育出版社,1981年12月。

本书是一部介绍我国古代文学著名典籍的普及读物。它对

我国先秦至清代历朝170部重要文学名著作了简明扼要的分析和介绍。

诗经
楚辞
论语
孟子/孟子
庄子/庄子
荀子/荀子
韩非子/韩非
山海经
左传/左丘明
国语/左丘明
战国策
吕氏春秋/吕不韦
谏逐客书/李斯
新书/贾谊
贾长沙集/贾谊
晁错集/晁错
司马文园集/（西汉）司马相如
东方大中集/东方朔
史记/司马迁
枚叔集/枚乘
盐铁论/（西汉）桓宽
王谏议集/（西汉）王褒
新序/（西汉）刘向
说苑/（西汉）刘向
论衡/（东汉）王充
汉书/班固
班兰台集/班固
杨子云集/杨雄（又作扬雄）
张河间集/张衡
刺世疾邪赋/赵壹
蔡中郎集/蔡邕
古诗十九首
孔北海集/孔融
曹操集
陈记室集/陈琳
王侍中集/（东汉）王粲
悲愤诗/蔡琰
魏文帝集/曹丕

魏文帝集·典论·论文/曹丕
曹子建集/曹植
阮籍集/阮籍
嵇康集/(三国魏)嵇康
左太冲集/(西晋)左思
陆士衡集/陆机
抱朴子/葛洪
搜神记/(东晋)干宝
陶渊明集/陶渊明
谢康乐集/谢灵运
世说新语/刘义庆
鲍参军集/鲍照
江文通集/江淹
谢宣城集/谢朓
文心雕龙/(南朝齐梁间)刘勰
水经注/(三国)郦道元
洛阳伽蓝记/(北魏)杨衒之
诗品/(南朝齐梁间)钟嵘
文选/萧统
玉台新咏/(南朝陈)徐陵
庾子山集/庾信

乐府诗集/郭茂倩
东皋子集/王绩
骆宾王文集/骆宾王
王子安集/(唐)王勃
陈伯玉集/陈子昂
孟浩然集/孟浩然
王昌龄集/(唐)王昌龄
王右丞集/王维
李太白全集/(唐)李白著;(清)王琦注
高常侍集/高适
刘随州诗集/刘长卿
杜少陵集/(唐)杜甫
岑嘉州集/岑参
元次山集/元结
钱考功集/钱起
韦苏州集/(唐)韦应物
孟东野诗集/孟郊
王司马集/(唐)王建
张司业集/张籍
韩昌黎集/(唐)韩愈

白氏长庆集/(唐)白居易
刘梦得文集/刘禹锡
柳河东集/柳宗元著;刘禹锡编
元氏长庆集/元稹
长江集/贾岛
李长吉歌诗/李贺
樊川文集/杜牧
金荃词/温庭筠
温庭筠诗集/温庭筠
玉溪生诗集/李商隐
罗昭谏集/(唐)罗隐
皮子文薮/皮日休
甫里集/(唐)陆龟蒙
浣花集/韦庄
唐风集/(唐)杜荀鹤
敦煌变文集/王重民,王庆菽等编
唐人小说/汪辟疆校录编选
南唐二主词/(南唐)李璟、李煜
小畜集/(北宋)王禹偁
珠玉词/晏殊
乐章集/柳永
宛陵集/(北宋)梅尧臣
欧阳文忠集/欧阳修
苏舜钦集/(北宋)苏舜钦
临川集/王安石
广陵集/王令
东坡全集/(宋)苏轼
山谷集/黄庭坚
淮海集/(北宋)秦观
后山集/陈师道
片玉词/周邦彦
东山词/贺铸
漱玉词/李清照
简斋集/陈与义
石湖诗集/范成大
陆放翁全集/陆游
诚斋集/杨万里
于湖词/张孝祥
稼轩长短句/辛弃疾
白石道人歌曲/姜夔
后村大全集/刘克庄
西厢记诸宫调/董解元

沧浪诗话/严羽
文山先生全集/文天祥
遗山先生文集/元好问
关汉卿杂剧/关汉卿
墙头马上/白朴
汉宫秋/马致远
梦符散曲/乔吉
小山乐府 /张可久
琵琶记/(元)高明
西厢记/王实甫
倩女离魂/郑光祖
水浒传/施耐庵
宋文宪集/(明)宋濂
诚意伯文集/刘基
三国演义/罗贯中
高太史大全集/高启
于忠肃集/于谦
王西楼乐府/(明)王磐
滑稽余韵/陈铎
西游记/吴承恩
震川文集/归有光
浣纱记/梁辰鱼
海浮山堂词稿/冯惟敏
封神演义/许仲琳
金瓶梅/兰陵笑笑生
杨家府演义
牡丹亭/汤显祖
三言/冯梦龙
二拍/(明)凌濛初
东周列国志/(明)冯梦龙,蔡元放编
隋史遗文/(明)袁于令
西游补/董说
黄梨洲诗文集/黄宗羲
亭林诗文集/顾炎武
水浒后传/陈忱
聊斋志异/(清)蒲松龄
醒世姻缘传/西周生
长生殿/(清)洪昇
桃花扇/(清)孔尚任
说岳全传/(清)钱彩、金丰
望溪文集/(清)方苞

隋唐演义/(清)褚人获
红楼梦/曹雪芹
郑板桥集/郑燮
阅微草堂笔记/纪昀
儒林外史/吴敬梓
镜花缘/(清)李汝珍
说唐全传
龚自珍全集/龚自珍

47.中国史学名著题解

《中国史学名著题解》,张舜徽主编,中国青年出版社,1983年。

该书分古史、编年、纪传、纪事本末、实录、制度史、学术史、传记、地理方志、杂史、史评史论、史考、金石甲骨考证、历史研究法、笔记、类书丛书、文编、书目、表谱、索引辞典等类,收历代史学名著约200余种。

尚书
左传/左丘明
世本
竹书纪年
国语/左丘明
前汉纪/(东汉)荀悦
战国策
后汉纪/(东晋)袁宏
逸周书
资治通鉴/司马光
通鉴外纪/(宋)刘恕
续资治通鉴长编/(宋)李焘
春秋/孔子
建炎以来系年要录/(宋)李心传

续资治通鉴/(清)毕沅
国榷/(清)谈迁
明纪/(清)陈鹤
明通鉴/(清)夏燮
明元清系通纪/孟森
史记/司马迁
通志/郑樵
续通志
汉书/班固
后汉书/范晔
东观汉记
三国志/陈寿
晋书/(唐)房玄龄等
宋书/沈约
南齐书/(梁)萧子显
梁书/(唐)姚思廉
陈书/(唐)姚思廉
魏书/(北齐)魏收
北齐书/(唐)李百药
周书/(唐)令狐德棻
南史 北史/(唐)李延寿
隋书/(唐)魏征
旧唐书/(后晋)刘昫
新唐书/(北宋)欧阳修,宋祁等
旧五代史/(北宋)薛居正
新五代史/(北宋)欧阳修
宋史/(元)脱脱
辽史/(元)脱脱等
金史/(元)脱脱,阿鲁图等
元史/(明)宋濂,王祎
元史新编/(清)魏源
蒙兀儿史记/(清)屠寄
新元史/柯劭忞
明史/(清)张廷玉
清史稿/赵尔巽
绎史/(清)马骕
左传纪事本末/(清)高士奇
左传事纬/(清)马骕
通鉴纪事本末/(南宋)袁枢
宋史纪事本末/(明)陈邦瞻等
辽史纪事本末/(清)李有棠
金史纪事本末/(清)李有棠

西夏纪事本末/(清)张鉴
元史纪事本末/(明)陈邦瞻
明史纪事本末/(清)谷应泰
清史纪事本末/黄鸿寿
大唐创业起居注
顺宗实录
太宗实录
明实录/(明)胡广等
清实录/清实录馆撰
东华录/(清)蒋良骐,王先谦
通典/杜佑
续通典
清朝通典
文献通考/马端临
续文献通考/张廷玉等
清朝文献通考/嵇璜等
清朝续文献通考/(清)刘锦藻
清朝通志
春秋会要/(清)姚彦渠
七国考/(明)董说
秦会要/(清)孙楷
西汉会要/(南宋)徐天麟
东汉会要/(南宋)徐天麟
三国会要/(清)杨晨
唐会要/(宋)王溥
五代会要/(宋)王溥
宋会要辑稿/(清)徐松
明会要/(清)龙文彬
汉官六种/(清)孙星衍
唐六典/唐玄宗撰;(唐)李林甫等注
唐大诏令集/(唐)宋绶,(唐)宋敏求
建炎以来朝野杂记/(南宋)李心传
元典章
明会典
清会典
宋元学案/黄宗羲等
明儒学案/黄宗羲
汉学师承记 /(清)江藩
学案小识/(清)唐鉴
清儒学案/(清)徐世昌等
清代学术概论/梁启超
中国近三百年学术史/梁启超

列女传/刘向
高僧传/(南朝梁)释慧皎
畴人传/(清)阮元
元朝名臣事略/(元)苏天爵
碑传集/(清)钱仪吉
续碑传集/缪荃孙
碑传集补/闵尔昌
禹贡
山海经
水经注/郦道元
华阳国志/(东晋)常璩
大唐西域记/(唐)玄奘
元和郡县志/(唐)李吉甫
太平寰宇记/(北宋)乐史
元丰九域志/(宋)王寸等
诸藩志/赵汝适
舆地纪胜/(南宋)王象之
大元大一统志/(元)扎马剌丁等
徐霞客游记/徐宏祖
大明一统志/(明)李贤
天下郡国利病书/顾炎武
读史方舆纪要/(清)顾祖禹
越绝书/作者不详(公元52年成书)
吴越春秋/赵晔
楚汉春秋/(汉)陆贾
风俗通义/(东汉)应劭
十六国春秋/(北魏)崔鸿
佛国记/(东晋)释法显
洛阳伽蓝记/(北魏)杨衒之
贞观政要/吴兢
三朝北盟会编/(宋)徐梦莘
心史/(宋)郑思肖
蒙古源流/(清)萨囊·彻辰
蒙古秘史
站赤
长春真人西游记/(元)李志常
国初群雄事略/(明)钱谦益
明季北略/(清)计六奇
明季南略/(清)计六奇
中西纪事/(清)夏燮
史通/(唐)刘知几
文史通义/章学诚

校雠通义/(清)章学诚
读通鉴论/(清)王夫之
宋论/(清)王夫之
二十二史考异/(清)钱大昕
十七史商榷/(清)王鸣盛
二十二史札记/(清)赵翼
元史译文证补/洪钧
观堂集林/王国维
古史新证/王国维
集古录/(宋)欧阳修
金石录/(南宋)赵明诚
愙斋集古录/(清)吴大澂
古籀拾遗 古籀余论/孙诒让
三代吉金文存/罗振玉
金石萃编/(清)王昶
隶释 隶续/(宋)洪造
寰宇访碑录/(清)邵晋涵等
语石/叶昌炽
契文举例/(清)孙诒让
殷商贞卜文字考/罗振玉
殷虚书契考释/罗振玉

中国历史研究法/梁启超
史讳举例/陈垣
校勘学释例/陈垣
古史辨/顾颉刚
梦溪笔谈/沈括
挥麈录/(宋)王明清
东京梦华录/(宋)孟元老
南村辍耕录/(元)陶宗仪
草木子/(明)叶子奇
日知录/顾炎武
十驾斋养新录/钱大昕
北堂书钞/(唐)虞世南
艺文类聚
初学记
太平御览/(宋)李昉等
册府元龟/(宋)王钦若等
永乐大典
古今图书集成/陈梦雷
四部丛刊/张元济
四部备要
全上古三代秦汉三国六朝文/

(清)严可均校辑

元文类/(元)苏天爵编

明经世文编/(清)陈子龙等

清经世文编

四库全书总目提要/纪昀等

四库全书简明目录/纪昀等

四库全书总目提要补正/胡玉缙撰;王欣夫辑

四库提要辨证/余嘉锡

书目答问/张之洞

书目答问补正/范希曾

丛书集成初编目录

四部备要书目提要

中国丛书综录

历代纪事年表/(清)王之枢

历代职官表/(清)黄本骥

历代帝王年表/(清)齐召南

二十史朔闰表(附表例)/陈垣

中西回史日历(附表例)/陈垣

历代人物年里碑传综表/姜亮夫编;陶秋英校

中外历史年表/翦伯赞

二十五史人名索引

二十四史传目引得/梁启雄编

中国人名大辞典/臧励和等编

中国古今地名大辞典/臧励和等编

辞海/陆费逵等编撰

辞源/陆尔奎等编撰

48. 宗教典籍举要(节选)

《人间天书——宗教典籍举要》,知识出版社编辑出版,1989年1月。

该书选取各种宗教现存的一部分主要典籍,着重介绍其内容概要、产生的历史以及作者(译者)、版本和注疏等。

汉文大藏经
阿含经
《四十二章经》
大乘经
《大般若经》
《般若波罗蜜多心经》
《金刚经》/鸠摩罗什译
《华严经》
《妙法莲华经》
《维摩经》
《胜鬘经》
净土三部经
《大方等大集经》
《大般涅槃经》
《楞伽经》
《解深密经》
《大日经》
《楞严经》
小乘律
大乘律
小乘论
大乘论
天台三大部
《六祖坛经》/惠能
禅宗语录
《五灯会元》/普济
《牟子理惑论》
《肇论》/(东晋)僧肇
中国佛教经录
中国佛教传记
次经
伪经
信经
认信文
教理问答
《塔木德》
死海古卷
古兰经注

圣训

圣训辑录

中国穆斯林著述概要

道藏

《道德经》

《南华真经》

《冲虚真经》

《通玄真经》

《洞灵真经》

《太平经》

《老子想尔注》

《老子化胡经》

《抱朴子内篇》

《真诰》

《黄庭经》

《阴符经》

《度人经》

《西升经》

《大洞真经》

《玉皇经》

丹书

神仙传记

劝善书文

道教类书摭拾

49. 十本容易启发悟性的书(节选)

刘梦溪推荐。刘梦溪,中国艺术研究院研究员。

该目载于《中国图书评论》1990年第4期“名家推荐”栏。

老子/老子

浮生六记/沈复

清代野记　将饮茶/杨绛

曾国藩教子书

二十今人志/人间世社编

50. 给我影响最大的一本书

《开卷有益——给我影响最大的一本书》,上海教育出版社编辑出版,1990年3月。

该书是出版社约请的三十余位学者、作家和知名人士所写的文章的结集,文章的主题是“给我影响最大的一本书”,后附作者简介及被荐书简介。文章的作者大多是老一辈学人,编者认为,他们“大半辈子在茫茫书海中浮沉,他们的读书心得和实践验证,应该是一种可贵的精神财富,值得青年人参考和借鉴。”(《开卷有益·致读者》)

学生杂志(叶籁士荐)
日知录/顾炎武(冯英子荐)
史记/司马迁(陈学昭荐)
水经注/郦道元(陈桥驿荐)
野草/鲁迅(罗洛荐)
呐喊/鲁迅(王士菁荐)
中国哲学史大纲/胡适(胡曲园荐)
梦溪笔谈/沈括(胡道静荐)
鲁迅全集/鲁迅(草婴荐)
古文观止/吴楚材,吴调侯编(俞天白荐)
古文观止(树棻荐)

三国演义/罗贯中(钱谷融荐)
墨子/墨子(蔡尚思荐)
生活周刊(徐中玉荐)
死水/闻一多(臧克家荐)
文艺心理学/朱光潜(蒋孔阳荐)

51.《文汇读书周报》1990年读者最喜爱的九本书(节选)

1990年岁末,上海《文汇读书周报》编辑部就1990年"究竟哪本书最能打动读者"的议题发起征文。对来稿进行统计,有9本书上榜。

毛泽东和他的秘书田家英
中国禁书大观/安平秋,章培恒主编
庄子说(蔡志忠漫话系列之一)
当家实用手册/蒋梦丹主编
写在人生边上/钱钟书
梁实秋散文/梁实秋

52.国学名著200种

《国学名著200种》,王燕钧,王一平编著,上海:上海文化出版社,1992年10月。

本书开列的图书取自5位国学家的8种国学书目,这200部名著(主要是民国以前的古籍名著)既包括中国历史上一些最著名的思想家、文学家及学者的代表作,也包括了中国传统文化各个门类、各种体裁的主要经典。编者将这些国学名著分工具书与语言文字、思想与哲学、历史与地理、文学、自然科学等5类向读者推荐。

5位国学家是梁启超、胡适、汪辟疆、蔡尚思和屈万里。

汉书艺文志/班固
隋书经籍志/(唐)魏征等
四库全书总目提要/纪昀等
书目答问/张之洞
历代纪元编/(清)李兆洛
历代地理志韵编今释/(清)李兆洛
史姓韵编/(清)汪辉祖
说文解字/(东汉)许慎
说文解字注/段玉裁
说文通训定声/(清)朱骏声
说文句读/王筠
尔雅/(汉)佚名
经籍籑诂/(清)阮元
广雅疏证/王念孙
读书杂志/(清)王念孙
经传释词/王引之
经义述闻/(清)王引之
古书疑义举例/(清)俞樾
广韵/(宋)陈彭年等
集韵/(宋)丁度
佩文韵府/(清)张玉书,陈廷敬
马氏文通/(清)马建忠
论语
孟子/孟子
大学
中庸
周易
孝经
荀子/荀子
老子/老子
庄子/庄子
墨子/墨子

韩非子/韩非
商君书/商鞅
孙子/孙子
管子
公孙龙子/公孙龙
吕氏春秋/吕不韦
淮南子/刘安
列子
贾谊新书/贾谊
春秋繁露/董仲舒
盐铁论/(西汉)桓宽
论衡/(东汉)王充
抱朴子/葛洪
神灭论/范稹
颜氏家训/颜之推
二程全书/程颢,程颐
朱子大全·朱子语类/朱熹
近思录/朱熹,吕祖谦辑
象山集/陆九渊
龙川文集/陈亮
水心文集/(南宋)叶适
传习录/王守仁
阳明全书/王守仁
王心斋先生遗集/(明)王艮
胡子衡齐/(明)胡直
焚书 续焚书/(明)李贽
日知录/顾炎武
明夷待访录/黄宗羲
思问录/(清)王夫之
张子正蒙注/王夫之
读四书大全说/王夫之
四存编/(清)颜元
孟子字义疏证/戴震
曾文正公全集/曾国藩
仁学/谭嗣同
大同书/康有为
明儒学案/黄宗羲
宋元学案/黄宗羲
朱子年谱/(清)王懋竑
汉学师承记/江藩
宋学渊源记/(清)江藩
经学历史/皮锡瑞

经学通论/皮锡瑞
六祖坛经/惠能
金刚经/鸠摩罗什译
华严经
华严原人论/(唐)宗密
法华经/鸠摩罗什译
中论/龙树
尚书
仪礼
周礼
礼记/戴圣
左传/左丘明
公羊传/公羊寿,胡母子
谷梁传/谷梁子
国语/左丘明
战国策
逸周书
竹书纪年
绎史/(清)马骕
史记/司马迁
汉书/班固
后汉书/(魏晋)范晔
三国志/陈寿
晋书/房玄龄
宋书/沈约
南齐书/萧子显
梁书/姚思廉
陈书/姚思廉
魏书/魏收
北齐书/李百药
周书/令狐德棻等
南史/李延寿
北史/李延寿
隋书/(唐)魏征等
旧唐书/(后晋)刘昫等
新唐书/欧阳修
旧五代史/薛居正
新五代史/欧阳修
宋史/脱脱
辽史/脱脱
金史/脱脱
元史/宋濂

明史/张廷玉
资治通鉴/司马光
续资治通鉴/(清)毕沅
宋史纪事本末/(明)陈邦瞻
元史纪事本末/陈邦瞻
明史纪事本末/谷应泰
文献通考/马端临
续文献通考/张廷玉等
清朝文献通考/嵇璜等
鲒埼亭集/(清)全祖望
圣武记/(清)魏源
国朝先正事略/(清)李元度
书林清话/叶德辉
大唐三藏慈恩法师传/(唐)慧立
水经注/(三国)郦道元
读史方舆纪要/顾祖禹
史通/(唐)刘知几
文史通义 校雠通义/章学诚
读通鉴论/王夫之
廿二史札记/赵翼
考信录/崔述

容斋随笔/洪迈
困学纪闻/王应麟
少室山房笔丛/胡应麟
十驾斋养新录/钱大昕
东塾读书记/(清)陈澧
诗经
楚辞
昭明文选/萧统
乐府诗集/郭茂倩
古诗源/沈德潜
全唐诗/彭定求等
唐文粹/(宋)姚铉
宋诗钞/吴之振,吕留良,吴自牧编
宋六十名家词/(清)毛晋
宋文鉴/(南宋)吕祖谦
元曲选/臧懋循
古文辞类纂/姚鼐
经史百家杂钞/(清)曾国藩
十八家诗钞/(清)曾国藩选编
骈体文钞/(清)李兆洛
曹子建集/曹植

阮步兵集/阮籍
陶渊明集/陶渊明
谢康乐集/谢灵运
李太白集/(唐)李白
杜工部集/(唐)杜甫
王右丞集/王维
孟浩然集/孟浩然
高常侍集/高适
韩昌黎集/(唐)韩愈
柳河东集/柳宗元
白香山集/(唐)白居易
樊南文集/李商隐
樊川文集/杜牧
苏东坡集/(宋)苏轼
临川集/王安石
山谷集/黄庭坚
剑南诗稿·渭南文集/陆游
稼轩长短句/辛弃疾
亭林诗文集/顾炎武
定庵文集/龚自珍
世说新语/刘义庆

水浒传/施耐庵
三国演义/罗贯中
西游记/吴承恩
儒林外史/吴敬梓
红楼梦/曹雪芹
镜花缘/(清)李汝珍
窦娥冤/关汉卿
西厢记/王实甫
琵琶记/(元)高明
牡丹亭/汤显祖
长生殿/(清)洪昇
桃花扇/(清)孔尚任
文心雕龙/(南朝齐梁间)刘勰
沧浪诗话/严羽
黄帝内经
梦溪笔谈/沈括
王祯农书/(元)王祯
本草纲目/李时珍
徐霞客游记/徐宏祖
天工开物/宋应星
物理小识/方以智

53. 中国古典名著导读

《中国读书大辞典》，王余光、徐雁主编，南京：南京大学出版社，1993年5月。

这是第一部以读书为主题的百科型工具书，旨在弘扬传统书香精神，引导当代读书风气。该辞典在180万字的篇幅里，依“名人读书录”等10个方面，分成21个部类，内容涉及古今中外读书名著和读书杂志、读书理论和方法、导引书目和书评书话、名人书斋生活及其读书精论，并包含有近600部精选的名著导读，凡三千余个词条。

《中国读书大辞典》在“中国古典名著导读”部分推荐了名著200种。

尚书

周易

夏小正

老子/老子

诗经

春秋/孔子

左传/左丘明

庄子/庄子

孙子兵法/孙子

考工记

墨子/墨子

山海经

晏子春秋

管子

仪礼
论语
孟子/孟子
公孙龙子/公孙龙
荀子/荀子
韩非子/韩非
孙膑兵法/孙膑
孝经
国语/左丘明
甘石星经/甘德,石申
商君书/商鞅
战国策
周礼
黄帝内经
吕氏春秋/吕不韦
难经
神农本草经
乐记/(西汉)刘德
新语/(西汉)陆贾
新书/贾谊
淮南子/刘安

春秋繁露/董仲舒
史记/(西汉)司马迁
礼记/戴圣
楚辞
列女传/刘向
说苑/(西汉)刘向编纂
盐铁论/(西汉)桓宽
氾胜之书/(西汉)氾胜之
九章算术
论衡/(东汉)王充
汉书/(东汉)班固
白虎通义/(东汉)班固
太平经
说文解字/(东汉)许慎
风俗通义/(东汉)应劭
周易参同契/(东汉)魏伯阳
潜夫论/(东汉)王符
伤寒杂病论/(东汉)张仲景
嵇康集/(三国魏)嵇康
三国志/陈寿
博物志/(西晋)张华

抱朴子/(东晋)葛洪
脉经/(西晋)王叔和
搜神记/(东晋)干宝
华阳国志/(东晋)常璩
金钢经/鸠摩罗什译
陶渊明集/(东晋)陶渊明
后汉书/(魏晋)范晔
世说新语/(南朝宋)刘义庆
弘明集/(南朝齐梁间)僧祐
水经注/(三国)郦道元
诗品/(南朝齐梁间)钟嵘
文心雕龙/(南朝齐梁间)刘勰
高僧传/(南朝梁)释慧皎
文选/(南朝梁)萧统
古画品录/(南朝齐)谢赫
齐民要术/(北魏)贾思勰
洛阳伽蓝记/(北魏)杨衒之
荆楚岁时记/(南朝梁)宗檩
玉台新咏/(南朝陈)徐陵
千字文/(南朝梁)周兴嗣
颜氏家训/颜之推
大唐西域记/(唐)释玄奘
唐律疏议/(唐)长孙无忌
隋书/(唐)魏征等
书谱/(唐)孙过庭
史通/(唐)刘知几
开元占经/(唐)瞿云悉达
六祖坛经/惠能
贞观政要/(唐)吴兢
李太白集/(唐)李白
杜工部集/(唐)杜甫
茶经/(唐)陆羽
柳河东集/(唐)柳宗元
昌黎先生集/(唐)韩愈
四部医典/宇妥·元丹贡布
白香山集/(唐)白居易
历代名画记/(唐)张彦远
花间集/赵崇祚
百家姓
太平广记/(宋)李昉
太平寰宇记/(宋)乐史
范文正公集/范仲淹

欧阳文忠公集/欧阳修

正蒙/张载

资治通鉴/司马光

家范/司马光

梦溪笔谈/沈括

东坡文集/(宋)苏轼

二程全书/程颢,程颐

书史/(北宋)米芾

乐书/(北宋)陈旸

宣和书谱

营造法式/李诫

李清照集/李清照

容斋随笔/洪迈

象山先生全集/陆九渊

龙川文集/陈亮

四书章句集注/朱熹

朱子语类/(南宋)朱熹

通鉴纪事本末/袁枢

陆放翁集/陆游

习学记言/(南宋)叶适

洗冤录/宋慈

数书九章/(南宋)秦九韶

三字经/王应麟

文山先生全集/文天祥

乐府诗集/郭茂倩

林泉高致/(宋)郭熙

五灯会元/普济编

蒙古秘史

测圆海镜/(元)李治

农桑辑要/(元)司农司编修

授时历/郭守敬

窦娥冤/关汉卿

四元玉鉴/朱世杰

文献通考/马端临

汉宫秋/马致远

西厢记/王实甫

农书/王祯

佛教史大宝藏论/布顿·仁钦苏

青史/(元)廓诺·迅鲁伯

格萨尔王传

辍耕录/陶宗仪

水浒传/施耐庵

三国演义/罗贯中
救荒本草/(明)朱橚
传习录/王守仁
新红史/(明)班钦·索南查巴
西游记/吴承恩
本草纲目/李时珍
焚书/(明)李贽
算法统宗/(明)程大位
乐律全书/(明)朱载堉
牡丹亭/汤显祖
农政全书/徐光启
园冶/计成
徐霞客游记/徐宏祖
天工开物/宋应星
菜根谭/(明)洪应明
遵生八笺/高濂
金瓶梅/兰陵笑笑生
橘中秘/(明)朱晋桢
明夷待访录/黄宗羲
明儒学案/黄宗羲
宋元学案/黄宗羲
物理小识/方以智
印人传/周亮工
天下郡国利病书/顾炎武
日知录/顾炎武
西藏王臣记/西藏第五世达赖喇嘛
时宪历/(明)徐光启
六书通/(清)闵齐伋
晓庵新法/王锡阐
读通鉴论/王夫之
花镜/(清)陈淏子
读史方舆纪要/顾祖禹
古文观止/吴楚材,吴调侯
尚书古文疏证/阎若璩
聊斋志异/(清)蒲松龄
长生殿/(清)洪昇
佩文斋书画谱/(清)王原祁等
桃花扇/(清)孔尚任
苦瓜和尚画语录/石涛
授时通考/(清)鄂尔泰,张廷玉主编
律吕正义/(清)魏廷珍等编
儒林外史/吴敬梓

红楼梦/曹雪芹
数理精蕴/梅毂成等
古诗源/沈德潜
唐诗三百首/孙洙
孟子字义疏证/戴震
随园诗话/(清)袁枚
西南彝志/热卧慕史
文史通义/章学诚
阅微草堂笔记/纪昀
廿二史札记/赵翼
镜花缘/(清)李汝珍
汉学师承记/江藩
畴人传/阮元等
艺舟双楫/(清)包世臣
景德镇陶录/蓝浦
芥子园画传/王概等
清一统志/方苞等
清实录/清实录馆撰

54. 中国近现代名著导读

《中国读书大辞典》在“中国近现代名著导读”部分推荐了171部名著。

龚自珍全集/龚自珍
曾国藩全集/曾国藩
海国图志/魏源
默觚/(清)魏源
天朝田亩制度
原道救世歌/洪秀全
原道醒世训/洪秀全
原道觉世训/洪秀全
资政新篇/洪仁玕
校邠庐抗议/冯桂芬

艺概/(清)刘熙载
今古学考/廖平
日本国志/黄遵宪
弢园文录外编/王韬
庸庵全集/薛福成
庸书/陈炽
诸子平议/俞樾
盛世危言/郑观应
适可斋纪言纪行/(清)马建忠
新政真诠/何启
大同书/康有为
新学伪经考/康有为
孔子改制考/康有为
劝学篇/张之洞
仁学/谭嗣同
马氏文通/(清)马建忠
訄书/章太炎
中国古代史/夏曾佑
西学东渐记/容闳
林琴南文集/林纾
严复集/严复著;王栻主编
辜鸿铭文集/辜鸿铭
蔡元培全集/蔡元培
吴虞集/吴虞
秋瑾集/秋瑾
独秀文存/陈独秀
苏曼殊全集/苏曼殊
李大钊文集/李大钊
胡适文存/胡适
老残游记/(清)刘鹗
二十年目睹之怪现状/吴沃尧
官场现形记/(清)李宝嘉
孽海花/(清)曾朴
汉书补注/班固
经学历史/皮锡瑞
人间词话/王国维
中国伦理学史/蔡元培
国故论衡/章炳麟
宋元戏曲考/王国维
殷墟书契考释/罗振玉
中国哲学史大纲(卷上)/胡适
建国方略/孙中山

欧游心影录/梁启超
人境庐诗草/黄遵宪
尝试集/胡适
女神/郭沫若
清代学术概论/梁启超
红楼梦考证/胡适
沉沦/郁达夫
东西文化及其哲学/梁漱溟
新元史/柯劭忞
科学与人生观/上海亚东图书馆编
自己的园地/周作人
红烛/闻一多
阿Q正传/鲁迅
呐喊/鲁迅
彷徨/鲁迅
清代通史/萧一山
中国小说史略/鲁迅
史学要论/李大钊
寄小读者/冰心
志摩的诗/徐志摩
古史新证/王国维
朝花夕拾/鲁迅
史讳举例/陈垣
中国妇女生活史/陈东原
燕知草/俞平伯
莎菲女士的日记/丁玲
背影/朱自清
二月/柔石
啼笑因缘/张恨水
倪焕之/叶圣陶
中国近百年政治史/李剑龙
中国古代社会研究/郭沫若
中国哲学史/冯友兰
缘缘堂随笔/丰子恺
校勘学释例/陈垣
四十自述/胡适
插图本中国文学史/郑振铎
中国文化史/柳诒徵
林家铺子/茅盾
子夜/茅盾
激流三部曲/巴金
中华二千年史/邓之诚

山雨/王统照

边城/沈从文

春桃/许地山

包氏父子/张天翼

民族复兴之学术基础/张君劢

先秦诸子系年/钱穆

生死场/萧红

画梦录/何其芳

吾土与吾民/林语堂

死水微澜/李劼人

文艺心理学/朱光潜

中国哲学史通论/范寿康

中国近三百年学术史/梁启超

大众哲学/艾思奇

实践论/毛泽东

矛盾论/毛泽东

且介亭杂文/鲁迅

湘行散记/沈从文

雷雨/曹禺

日出/曹禺

望舒诗稿/戴望舒

社会学大纲/李达

中国政治思想史/吕振羽

汉魏两晋南北朝佛教史/汤用彤

中国史学史/金毓黻

京华烟云/林语堂

骆驼祥子/老舍

中国思想研究法/蔡尚思

新理学/冯友兰

中国政治思想史/萧公权

国史大纲/钱穆

论道/金岳霖

新民主主义论/毛泽东

明季滇黔佛教考/陈垣

古史辨/顾颉刚等

中国通史/范文澜

中国目录学史/姚名达

雅舍小品/梁实秋

近代唯心论简释/贺麟

论道集/陶希圣

屈原/郭沫若

朱元璋传/吴晗

逻辑指要/章士钊
小二黑结婚/赵树理
四世同堂/老舍
新唯识论/熊十力
十三经概论/蒋伯潜
中国古代思想学说史/侯外庐等
荷花淀/孙犁
白毛女/贺敬之等
王贵与李香香/李季
十批判书/郭沫若
青铜时代/郭沫若
中国法律与中国社会/瞿同祖
秦汉史/翦伯赞
文化与人生/贺麟
乡土中国/费孝通
谈艺录/钱钟书
围城/钱钟书
太阳照在桑干河上/丁玲
暴风骤雨/周立波
先秦诸子思想概要/杜国庠
中国文字学/唐兰
中国文化要义/梁漱溟
中国半封建半殖民地经济形态研究/王亚南
中国思想通史/侯外庐等
隋唐制度渊源论稿/陈寅恪
中国家族社会之演变/高达观
唐代长安与西域文明/向达
中国文化之精神价值/唐君毅
政道与治道/牟宗三
中国文化的展望/殷海光
中国的智慧/韦政通
中国青铜时代(二集)/张光直
士与中国文化/余英时
新加坡的挑战:新儒家伦理与企业精神/杜维明

55. 名篇名著导读 人文篇(节选)

《名篇名著导读 人文篇》,汤书昆主编,中国科学技术大学出版社,2001年2月。

面向21世纪大学生素质教育教材:本书介绍了《周易》、《诗经》、《史记》、《红楼梦》、《野草》、《哈姆雷特》、《老人与海》、《论艺术的精神》等人文类中外名著名篇。此处仅摘录中国经典部分。

周易

诗经

论语

孙子兵法

庄子

楚辞

战国策

史记

古诗十九首

世说新语

哀江南赋

坛经

春江花月夜

杜工部集

二十四诗品

资治通鉴

苏轼集

林泉高致

朱子语类

汉宫秋

传习录

利玛窦中国札记

红楼梦

曾国藩家书

野草

四十自述

毛泽东诗词集

56.365部中外名著精要(节选)

《365部中外名著精要》,李书敏,傅德岷主编,重庆出版社,2001年8月。

本书搜集和评介中外多种学科的365部名著,主要评介作者生平、写作背景、内容要点、成就与地位以及所存不足等。此处仅摘录中国经典部分。

上篇 综合类

毛泽东选集/毛泽东

刘少奇选集/刘少奇

周恩来选集/周恩来

朱德选集/朱德

邓小平文选/邓小平

易经/(上古)集体

道德经/(春秋)老子

论语/(春秋)孔丘

庄子/(战国)庄周

孟子/(战国)孟轲

墨子/(战国)墨翟

荀子/(战国)荀况

韩非子/(战国)韩非

贞观政要/(唐)吴兢

明夷待访录/(明)黄宗羲

孙中山全集/(近代)孙中山

革命军/(近代)邹容

新人口论/马寅初
商君书/(战国)商鞅
孙子兵法/(春秋)孙武
吴子/(战国)吴起
毛泽东军事文选/毛泽东
刘伯承军事文选/刘伯承
邓小平关于新时期军队建设论述选编/邓小平
颜氏家训/(北齐)颜之推
菜根谭/(明)洪应明
傅雷家书/傅雷
黄帝内经/(上古)元阳真人
齐民要术/(北魏)贾思勰
千金要方/(唐)孙思邈
本草纲目/(明)李时珍
农政全书/(明)徐光启
徐霞客游记/(明)徐弘祖
天工开物/(明)宋应星
地质力学概论/李四光
竺可桢日记/竺可桢
茅以升选集/茅以升
高士其科普创作选集/高士其
侯光炯土壤学论文选集/侯光炯
从杨辉三角谈起/华罗庚
社会主义现代化建设的科学和系统工程/钱学森
科坛漫话/钱三强
尚书/(上古)集体
山海经/(春秋)集体
春秋/(春秋)孔丘
左传/(春秋)左丘明
国语/(春秋)左丘明
吕氏春秋/(秦)吕不韦
战国策/(西汉)刘向
淮南子/(西汉)刘安
史记/(西汉)司马迁
汉书/(东汉)班固
三国志/(晋)陈寿
资治通鉴/(宋)司马光等
尔雅/(西汉)集体
说文解字/(东汉)许慎
广雅/(三国·魏)张揖

太平御览/(宋)李昉
永乐大典/(明)解缙,姚广孝
佩文韵府/(清)张玉书等
古今图书集成/(清)陈梦雷
四库全书/(清)纪昀等
经籍纂诂/(清)阮元
辞源/商务印书馆编
辞海/夏征农主编
中国大百科全书/中国大百科全书编委会
诸葛亮集/(三国·蜀)诸葛亮
经史百家杂钞/(清)曾国藩
饮冰室合集/(近代)梁启超
清代学术概论/(近代)梁启超
胡适文存/胡适

下篇 文学类

诗经/(春秋)孔丘
楚辞/(战国)屈原等
九辩/(战国)宋玉
乐府诗集/(西汉)集体
三曹诗选/(三国·魏)曹操等
陶渊明集/(东晋)陶渊明
昭明文选/(南朝·梁)萧统
李白集/(唐)李白
杜工部集/(唐)杜甫
韩昌黎集/(唐)韩愈
柳河东集/(唐)柳宗元
白居易全集/(唐)白居易
欧阳修全集/(宋)欧阳修
苏轼文集/(宋)苏轼
王文公文集/(宋)王安石
陆放翁诗词选/(宋)陆游
辛弃疾全集/(宋)辛弃疾
文天祥全集/(宋)文天祥
文苑英华/(宋)李昉等
窦娥冤/(元)关汉卿
西厢记/(元)王实甫
升庵集/(明)杨慎
袁中郎全集/(明)袁宏道
封神演义/(明)许仲琳
水浒传/(明)施耐庵
三国演义/(明)罗贯中

西游记/(明)吴承恩
金瓶梅词话/(明)兰陵笑笑生
牡丹亭/(明)汤显祖
三言/(明)冯梦龙
二拍/(明)凌濛初
唐宋八大家文钞/(明)茅坤
顾亭林诗文集/(清)顾炎武
聊斋志异/(清)蒲松龄
长生殿/(清)洪昇
桃花扇/(清)孔尚任
儒林外史/(清)吴敬梓
红楼梦/(清)曹雪芹,高鹗
镜花缘/(清)李汝珍
龚自珍全集/(清)龚自珍
古诗源/(清)沈德潜
古文观止/(清)吴楚材,吴调侯
唐诗三百首/(清)蘅塘退士
古文辞类纂/(清)姚鼐
人境庐诗草/(清)黄遵宪
老残游记/(近代)刘鹗
官场现形记/(近代)李宝嘉
二十年目睹之怪现状/(近代)吴趼人
孽海花/(近代)曾朴
秋瑾集/(近代)秋瑾
呐喊/鲁迅
野草/鲁迅
故事新编/鲁迅
周作人散文选集/周作人
尝试集/胡适
女神/郭沫若
屈原/郭沫若
虎符/郭沫若
毛泽东诗词集/毛泽东
未厌居习作/叶圣陶
农村三部曲/茅盾
子夜/茅盾
郁达夫小说全编/郁达夫
志摩的诗/徐志摩
背影/朱自清
关汉卿/田汉
瞿秋白诗文选/瞿秋白

死水/闻一多

骆驼祥子/老舍

四世同堂/老舍

可爱的中国/方志敏

寄小读者/冰心

二月/柔石

边城/沈从文

激流三部曲/巴金

随想录/巴金

戴望舒诗集/戴望舒

囚绿记/陆蠡

大堰河/艾青

雷雨/曹禺

画梦录/何其芳

现代十六家小品/阿英

雅舍小品/梁实秋

围城/钱钟书

太阳照在桑干河上/丁玲

暴风骤雨/周立波

李自成/姚雪垠

红日/吴强

红旗谱/梁斌

青春之歌/杨沫

创业史/柳青

铁道游击队/刘知侠

保卫延安/杜鹏程

林海雪原/曲波

红岩/罗文斌,杨益言

射雕英雄传/金庸

格萨尔王传·取雪山水晶国/(藏族)集体

阿诗玛/(彝族)集体

文赋/(西晋)陆机

文心雕龙/(南朝·梁)刘勰

诗品/(南朝·梁)钟嵘

闲情偶寄/(清)李渔

艺概/(清)刘熙载

人间词话/(近代)王国维

文艺心理学/朱光潜

57. 中国百年畅销书(节选)

《中国百年畅销书》,徐丽芳等编著,陕西师范大学出版社,2001年12月。

本书分为百年畅销书回眸和百年畅销书选介两部分。选介20世纪中外畅销书约90部。

海上繁华梦/孙家振著,笑林报馆本,1903年

孽海花/曾朴著,上海小说林社,1905年

官场现形记/李宝嘉著,《世界繁华报》,1906年

老残游记/刘鹗著,天津日日新闻社,1906年

二十年目睹之怪现状/吴沃尧著,上海广智书局,1906年~1910年

九尾鱼/张春帆著,点石斋,1910年

玉梨魂/徐枕亚著,民权出版部,1913年

賈玉怨/李定夷著,国华书局,1914年

孽冤镜/吴双热著,民权出版部,1914年

流东外史/向恺然著,民权出版部,1916~1922年

新华春梦记/杨尘因著,泰东图书局,1916年

中国黑幕大观/路滨生辑录,中华图书集成公司,1918年

广陵潮/李涵秋著,上海国学书刊社,1915年

尝试集/胡适著,上海亚东图书馆,1920年

女神/郭沫若著,上海泰东书局,1921年

歇浦潮/朱瘦菊著,著者刊,1921年

红杏出墙记/刘云若著,天津励力出版社

冲击期化石/张资平著,上海泰东图书局,1922年

呐喊/鲁迅著,北京新潮社,1923年

少年飘泊者/蒋光慈著,上海书店,1926年

寄小读者/冰心著,北新书局,1926年

江湖奇侠传/不肖生著,施济群评,世界书局,1926-1929年

背影/朱自清著,上海开明书店,1928年张恨水的书穆时英的书

子夜/茅盾著,上海开明书店,1933年

家/巴金著,上海开明书店,1933年

大众哲学/艾思奇著,读书·生活书店,1936年

骆驼祥子/老舍著,人间书屋,1939年

蜀山剑侠传/还珠楼主著,上海正气书局,1940~1948年

秋海棠/秦瘦鸥著,上海金城图书公司,1942年

小二黑结婚/赵树理著,华北新华书店,1943年

张爱玲的书

风萧萧/徐訏,上海怀正文化社,1946年

无名氏的书(无名氏,原名卜宝南,后易名乃夫)

结婚十年/苏青著，上海天地出版社，1944年

雅舍小品/梁实秋著，台北正中书局，1949年

《红楼梦》等四大名著

林海雪原/曲波著，人民文学出版社，1977年

青春之歌/杨沫著，人民文学出版社，1958年

十万个为什么/少年儿童出版社，1961年

李自成/姚雪垠著，中国青年出版社，1963-1999年

艳阳天/浩然著，人民文学出版社，1964年

红岩/罗广斌、杨益言著，中国青年出版社，1977年

第二次握手/张扬著，中国青年出版社，1979年

上下五千年(五册)/林汉达，曹余章编著，少年儿童出版社，1979年

围城/钱钟书著，人民文学出版社，1980年

傅雷家书/傅雷著，三联书店，1981年

金庸的武侠小说

丑陋的中国人/柏杨著，严秀等选编，湖南文艺出版社，1986年

五角丛书/上海文化出版社，1986~1993年

琼瑶的书

三毛的书

平凡的世界/路遥著，中国文联出版公司，1986~1989年

菜根谭/(明)洪应明著，梅伯春注释，中国和平出版社1988年

山坳上的中国/何博传著，贵州人民出版社，1989年

席慕容的诗

汪国真的诗

蔡志忠漫画/蔡志忠作,生活·读书·新知三联书店,1990年

曾国藩(三卷本)/唐浩明著,湖南文艺出版社,1990~1992年

王朔的小说

文化苦旅/余秋雨著,知识出版社,1992年

曼哈顿的中国女人/周励著,北京出版社,1992年

梁凤仪的财经小说

布老虎丛书/春风文艺出版社

秦文君的书

废都/贾平凹著,北京出版社,1993年

白鹿原/陈忠实著,人民文学出版社,1993年

岁月随想/赵忠祥著,上海人民出版社,1995年

花季·雨季/郁秀著,海天出版社,1996年

老照片/山东画报出版社,1996年

现代化的陷阱:当代中国的经济社会问题/何清涟著,今日中国出版社,1998年

绝对隐私/安顿著,新世界出版社,1998年

中国少年儿童百科全书/浙江教育出版社,1998年

58. 智者阅读 中外名报名刊名家的推荐书目(节选)

《智者阅读 中外名报名刊名家的推荐书目》,黄秀文主编,华东师范大学出版社,2002年6月。

本书所收录的是现当代中外名报、名刊、名家所推荐的书目,一些对社会或个人产生重大影响的书目也列入收录范围。名报、名刊、名家所属的主要国家为中国,其次为美国、英国、法国、俄国(含苏联)、澳大利亚、日本等。所收推荐书目的时间跨度为1920年至2000年。

本推荐书目集实用性、专业性、欣赏性于一体,适合于各层次的广大读者选择所需要的图书进行阅读。其中,中外文化名著推荐书目人文社会科学人门书目、科普精品书目、对杰出人物产生重大影响的书目等,尤其适合于广大青少年读者进行阅读选择。此处仅摘录中国经典部分。

一、名报推荐书目

(一)《文汇读书周报》推荐书目

读者最喜欢的9本书:1990年岁末,《文汇读书周报》编辑部就1990年“究竟哪本书最能打动读者”的议题发起征文。对来稿进行统计，此9本书名列前茅。

毛泽东和他的秘书田家英/董边等编，中央文献出版社，1989年

庄子说（蔡自忠漫话系列之一）/蔡自忠绘，三联书店，1989年

写在人生边上/钱钟书著，中国社会科学出版社，1990年

梁实秋散文/梁实秋著，刘文华、维辛编选，中央广播电视出版社，1989年

中国禁书大观/安乎秋、章培恒主编，上海文化出版社，1990年

当家实用手册/蒋梦丹主编，百家出版社，1990年版

第六届文汇书展精品书目：本书展精品书目系由《文汇读书周报》编辑部结合1991年3月举办的第六届文汇书展推荐。

丰子恺文集（艺术卷）/丰子恺著，丰陈宝等编，浙江文艺出版社、浙江教育出版社

围城/钱钟书著，人民文学出版社

与汪国真对白——年轻的潇洒/国际文化出版社

简明钱币辞典/孙仲汇等编著，上海古籍出版社

彩图系列（7种）/上海辞书出版社

（二）《文汇报》推荐书目

“海上书评”推荐的20本书：此书目由《文汇报》“笔会”栏目，东方电视台社教部、上海新华书店联合推荐，刊于1998年2月19

日和3月19日《文汇报》“笔会”副刊。

周恩来的最后十年/张佐良著，上海人民出版杜，1997年

20世纪中国纪实文学文库/柯灵主编，文汇出版社，1996-1998年

绿色经典文库/吉林人民出版社，1997年

看蒙娜丽莎看/熊秉明著，百花文艺出版社，1997年

民国女作家小说经典/冰心、柯灵主编，上海古籍出版社

细说中国历史丛书/黎东方著，上海人民出版社，1997年

彩色插图：中国科学技术史/卢嘉锡、席泽宗主编，中国科学技术出版社，1997年

时装摄影艺术/包铭新等编著，中国纺织大学出版社，1997年

中国新文学大系（第四辑）1949-1976/冯牧等主编，上海文艺出版社，1997年

红镜头/顾保孜撰文，杜修贤摄影，辽宁人民出版社，1998年

百人访谈周恩来/周尔均等主编，江苏文艺出版社，1998年

人生败笔/邵燕祥著，河南人民出版社，1997年

解冻年代/厉平编，经济日报出版社，1997年

近四百年中国文学思潮史/陈伯海主编，东方出版中心，1997年

学苑英华/季羡林等著，上海文艺出版社，1996-1998年

百日阳光/范小青著，江苏文艺出版社，1997年

20世纪90年代最有影响的10部作品：上海作家协会和《文汇报》等联合发起组织了全国百名评论家推荐20世纪90年代最有影响的作家作品活动，根据98位评论家提交的答卷，推荐出以上10部作品。刊2000年9月16日《文汇报》"文艺百家"栏目。

长恨歌/王安忆著，作家出版社，1996年

白鹿原/陈忠实著，人民文学出版社，1997年

马桥词典/韩少功著，上海文艺出版社，1997年

许三观卖血记/余华著，南海出版公司，1998年

九月寓言/张炜著，上海文艺出版社，1993年

心灵史/张承志著，花城出版社，1991年

文化苦旅/余秋雨著，知识出版社，1992年

活着/余华著，南海出版社，1998年

我与地坛/史铁生著，中国社会科学出版社，1993年

务虚笔记/史铁生著，上海文艺出版杜，1996年

（三）《中国集邮报》推荐书目

一般集邮者必备书：

中华人民共和国邮票目录/中华人民共和国邮电部编，人民邮电出版社历年均有新版

中国清代邮票目录（修订版）/人民邮电出版社编，人民邮电出

版社，1997年

中华民国邮票目录（修订版）/人民邮电出版社编，人民邮电出版社，1998年

中国解放区邮票目录（修订版）/人民邮电出版社编，人民邮电出版社，1998年

实用集邮辞典/吴风岚主编，科学普及出版社，1986年

集邮同典/刘广实、邵林主编，中国集邮出版社，1988年

中国集邮辞典/翟宽编，北京出版社，1996年

集邮爱好者手册（修订本）/张莘农、李东初主编，人民邮电出版社，1994年

世界邮票知识手册/陈印白、杨子强编著，人民邮电出版社，1992年

中国集邮百科知识/耿守忠、杨治梅编著，华夏出版社，1987年

新中国邮票分类简说/刘国俊、王素蓉编著，人民邮电出版社，1992年

中国集邮与邮政要览（1840-1995）/张林侠编，人民邮电出版社，1997年

中国集邮史话/李毅民编著，人民邮电出版社，1993年

中国的邮驿与邮政/郑游主编，人民邮电出版社，1998年

中国的邮票/《集邮》杂志编辑部编，人民邮电出版社，1985年

基础集邮学教程/何大仁等主编,人民邮电出版社,1992年

集邮基础/王庸声等著,知识出版社,1983年

青少年集邮知识丛书/全国集邮联青少年集邮工作委员会编,人民邮电出版社,1993年

集邮入门必读/李春宜、徐惠民编著,科学普及出版社,1992年

资深集邮者必备书:

中华人民共和国邮戳图录/许庆发等著,人民邮电出版社,1992年

中华人民共和国邮资片封简目录/刘广实编,人民邮电出版社,1993年

中华人民共和国邮资封片简图录/王泰来编,社会科学出版社,1993年

中华人民共和国首日封目录/人民邮电出版社编辑出版,1994年

国际集邮联合会(FIP)集邮展览各项规则/中华全国集邮联合会编译,人民邮电出版社,1999年

世界邮票地名译名手册/陈印白编,人民邮电出版社,1986年

集邮展览手册/刘玉平编著,人民邮电出版社,1996年

中国集邮大辞典/孙少颖主编,中国大百科全书出版社,1996

年

英汉集邮词典/张苹农、王安军编,人民邮电出版社,1996年

汉英法德日俄对照集邮小辞典/人民邮电出版社编辑出版,1996年

中国集邮史/孙少颖主编,北京出版社,1999年

中国印花税与印花税票/饶立新、曾耀辉编著,中国税务出版社,1999年

集邮者之家必备书:为提高集邮爱好者对邮票、集邮品的搜求、整理和研究水平,增强对有关邮政、邮票方面历史和现状的了解,掌握邮票、集邮品的价值和交易情况,《中国集邮报》于2000年5月开列了《集邮者必备书目》,供大家参考。

中国邮票大图典/人民邮电出版社,1999年

中国邮票全集/北京燕山出版社,1988-1995年

中华世界邮票目录/人民邮电出版社,1994年起分洲出版

中国集邮大辞典(修订版)/孙少颖主编,中国大百科全书出版社,1999年

集邮与中国邮资/刘道宜编著,电子科技大学出版社,1997年

中国集邮百科知识(新版)/耿守忠、杨治梅编著,华夏出版社,1998年

中华人民共和国邮票全书/甄树隆编著，人民邮电出版社，1999年

实用中国邮票辨伪图录/吴杨治梅著，人民邮电出版社1994乃根主编，地质出版社，1994年

中国邮票辨伪必备/耿守忠

(四)台湾省《中国时报》推荐书目

1989年台湾省十大好书：台湾省《中国时报》“开卷版”于1989年12月首次邀请一贯对读者、出版界予以关注的38位专家学者，进行该年度台湾省好书评选工作。上述图书位列前10名。

赫逊河畔谈中国历史

后现代主义与文化理论

林俊义全集

生命中不能承受之轻

大说谎家

一首诗的完成

中国的宗教

幽暗意识与民主传统

城市观察

我记得

1991年台湾省10大好书：中国台湾省《中国时报》之《开卷专刊》设“一周好书榜”、“双周好书榜”栏目，“10大好书”由专家推荐并投票决定选出。文刊1992年2月22日《文汇读书周报》。

资本主义与廿一世纪/黄仁宇著

风鸟皮诺查/刘克襄著

台北老街/庄永明著

上海/于醒民，唐继无著

解构党国资本主义/陈师孟等著

（五）台湾省《民生报》推荐书目

1991年台湾省10本风云书：台湾省《民生报》的《文化新闻》版，不定期刊出“文化简讯”和“出版街”。该报于1991年底回顾了当年度台湾省10本最有影响力的风云书，并予以公布。

资本主义与廿一世纪

《飘》续集

台湾活人问典

大未来

民间文化剪贴

巴鲁巴

走过关键年代

混沌

黄祸

心情故事

（六）台湾省《联合报》推荐书目

现代妇女适读书20种：此书目由台湾省《联合报》副刊《万象》编辑室邀请王振鹄等社会身份、背景、年龄、专长各有不同的成名人物推荐而定。

青年的烦恼与出路/张春兴著
中国现代文学大系
歌剧欣赏解说全集
超级巨星
生活的艺术/林语堂著
世说新语/刘义庆著
雅舍小品/梁实秋著
平屋杂文/夏丏尊著
忆当年
中国画论类编
中国戏曲史/孟瑶著
红楼梦/曹雪芹著
现代诗导读/萧萧等编
文艺心理学/朱光潜著
开放的婚姻
四书
浮生六记/沈复著

二、名刊推荐书目

(一)中国图书评论推荐书目

科普精品图书推荐榜:《中国图书评论》根据十几位科学家、院士推荐和科普作家建议,以及出版社介绍和北京图书大厦、三联韬奋图书中心等书店提供的销售情况,集成以上推荐书目(共计50种),刊于《中国图书评论》1999年第10期,供热爱科普读物的人们在选购阅读图书时参考。

第一推动丛书——时间/湖南科学技术出版社
金苹果丛书·中国著名科普作家自选集/江苏教育出版社

科海漫游丛书/北京师范大学出版社

探导全能者踪迹:地球文明之谜/中国青年出版社

人类与太空——航天知识ABC/长虹出版公司

宇宙/吉林人民出版社

回归群星/中国青年出版社

星际探秘——高科技与宇宙/科学普及出版社

科学焦点丛书——宇宙大碰撞/中国青年出版社

科学焦点丛书——动物的语言/中国青年出版社

生活与科学文库——爱因斯坦及相对论/科学出版社

生活与科学文库——时间的奥秘/科学出版社

生活与科学文库——百则偶然科技发明/科学出版社

新世纪科技知识读本——高中版/科学普及出版社

当代科学探秘故事丛书——漫游人体世界/教育科学出版

奇妙的声音世界——著名科学家谈声学/广西师范大学出版社

科学大师佳作系列——宇宙的起源(1)/上海科技出版社

数学的奇妙/上海科学教育出版社

阿西莫夫最新科学指南/江苏人民出版社

21世纪科教兴国科普文化——科普小说/知识出版社

科普热点——厄尔尼诺——来自天道的警告/科学普及出版社

科普热点——数学化潮——数字化与人类未来/科学普及出版社

科普热点——人机争霸——电脑的世界/科学普及出版社

科普热点——星际探秘——高科技与宇宙/科学普及出版社

科普热点——复制生命人类与克隆/科学普及出版社

科普热点——网络社会——点与线的生存/科学普及出版社

科普热点——知识爆炸——高科技与知识经济/科学普及出版社

科普热点——流光铁甲——高科技与现代武装/科学普及出版社

科普热点——梦幻视野——高科技与影视/科学普及出版社

地球文明之谜丛书——回忆未来/中国青年出版社

先有鸡还是先有蛋——著名科学家谈生命/广西师范大学出版杜

科学思想丛书——科学的遗憾/科学出版社

科学思想丛书——科学的突破/科学出版社

科学思想丛书——科学的假说/科学出版社

图解当代科技/红旗出版社

英汉科普文章选读/中国书籍出版社

支点丛书——自私的基因/吉林人民出版社

五谷田文化人与自然书系(2)——走进非洲/光明日报出版社

第一推动丛书(第一辑)——时空本性/湖南科学技术出版社

人与动物的情感/四川人民出版社

中国目击者说丛书——太空世界大进军/江苏少年儿童出版社

中国目击者说丛书——地球秘密大曝光/江苏少年儿童出版社

奇妙的昆虫王国——著名科学家谈昆虫学/广西师范大学出版社

21世纪100个科学难题/吉林人民出版社

支点丛书——找寻逝去的自我——大脑,心灵/吉林人民出版社

游览指南——动物园的内幕/中国林业出版社

科学家谈物理——中微子之谜/湖南教育出版社

不可思议的世界——自然景观篇/少年儿童出版社

科学人文——自然史深思/三联书店

德先生丛书/湖南人民出版社

(二)《书与人》推荐书目

新中国10本优秀经济学著作:为促进我国社会主义经济建设,中国社会科学院经济研究所和广东经济出版社,共同发起了推选"影响新中国经济建设的10本经济学著作"活动。历时两年多的推选过程中,25名全国知名学者、专家参加了论证评选委员会,对新中国成立以来数以万计的经济学著作,进行了反复遴选,先后提出了83本和52本备选书目,最后经无记名投票而选出10本优秀经济学著作。此书目刊于《书与人》1999年第6期。

社会主义经济沦稿/孙冶方著，人民出版社，1985年

新人口论/马寅初著，北京出版社，1979年

中国社会主义经济问题研究/薛暮桥著，人民出版杜，1983年

中国社会主义初级阶段的经济/于光远著，中国财政经济出版社，1988年

中国经济原论/王亚南著，广东经济出版社，1998年

论社会主义商品经济/卓炯著，广东经济出版社，1998年

论社会主义的企业模式/蒋一苇著，经济科学出版社，1989年

中国经济体制改革的模式研究/刘国光主编，中国社会科学出版社，1988年

非均衡的中国经济/厉以宁著，中国经济日报出版社，1991年

论竞争性市场体制/吴敬琏、刘吉瑞著，中国财政经济出版社，1991年

(三)台湾省《新书月刊》推荐书目

1984年台湾省最具影响力的书：台湾省《新书月刊》推荐、介绍了台湾省选出的“1984年最具影响力的书”共10种，现选择介绍的是其中的中国书部分。

从价值系统看中国文化的现代意义/余英时著，时报文化公司

夜游/马森著，尔雅出版杜

三、名家推荐书目

(一)谭戒甫推荐的书目

目录学研究参考书:谭戒甫,先秦诸子、楚辞研究专家,曾任湖南大学中文系主任、文学院院长、武汉大学教授等职。此书目录自谭戒甫所撰《怎样研究目录学》,文刊《出版周刊》1927年1月23日新217期。

八史经籍志(三十卷)/姚振宗编,光绪间张寿荣重刊

中国历史艺文志/姚振宗编,上海大光书局铅印本

七略别录佚文(一卷)/姚振宗辑编

七略佚文(一卷)/姚振宗辑编

汉书艺文志条理八卷又拾补八卷/姚振宗编

隋书经籍志考证(五十二卷)/姚振宗著

汉书艺文志讲疏/顾宝著

汉书艺文志举例/孙德谦著

郡斋读书志(二十卷)/晁公武著

直斋书录解题(二十二卷)/陈振孙著

千顷堂书目(三十二卷)/黄虞稷编

四库全书总目提要(二百卷)/永瑢、纪昀主编

四库全书简明目录(二十卷)/永瑢、纪昀主编

四库未收书目提要/阮元编

清史稿艺文志(四卷)/朱师辙编

孙氏词堂书目(七卷)/孙星衍编

七录序目/阮孝绪编

经典释文叙录(一卷)/陆德明编

书目答问补正(五卷)/范希曾补正

古今伪书考补证/黄云眉补证

校雠略(一卷)/郑樵著

校雠通义(三卷)/章学诚著

刘向校雠学纂微/孙德谦著

校雠学史/蒋元卿著

书林清话十卷余二卷/叶德辉著

目录学研究/汪辟疆著

目录学/姚名达著

(二)姜亮夫推荐的书目

中国声韵学书目:姜亮夫为著名语言学教育家。此书目录自姜亮夫所著《中国声韵学》,由世界书局1933年出版。

入门书:

与友人论治小学书/黄侃著,载《唯是》杂志第三册

国音学/高元著，商务印书馆

音学辨微/江永著，江氏手写原稿影印本，成都渭南严氏单行本

文字学音篇/钱玄同著，北京大学讲义

音略/黄侃著，载《国故》杂志，北京大学出版

声韵通例/黄侃著，载《唯是》杂志第一册

国语学草创/胡以鲁著，商务印书馆

工具书：

广韵/陈彭年等重修，商务印书馆本，小学汇函本，泽存堂本；附：《广写本唐韵残卷》，王国维手抄影印本；《刊缪补缺切韵》，罗振玉影印内府藏唐女子吴綵鸾写本

切韵考/陈沣著，广州刻本，成都书局刻本

四声切韵表/江永著，贷园丛书本，守山阁丛书本，粤雅堂丛书本

音韵阐微/李光地等著，淮南书局本

参考书：

壬子新刊礼部韵略/刘渊著，普通本

集韵/丁度等修定，栋亭五种本，咫进斋本

洪武正韵/乐韶凤等著

佩文诗韵

中原音韵/周德清著

韵补/吴棫著，浙江书局本

毛诗古音考/陈第著，学津本

屈宋古音义/陈第著，学津本

音学五书/顾炎武著，刻本

古韵标准/江永著，成都严氏刻本

声类表/戴震著，戴氏遗书本，成都严氏刻本

六书音韵表/段玉裁著，附《段氏说文解字注》后，单行本

诗声类/孔广森著，续皇清经解又拜轩所著书本，成都严氏刻单行本

说文声类/严可均著，续皇清经解又秤轩所著书本，成都严氏刻单行本

韵述/夏燮著，北平富晋书社影原刻本

音学十书/江有诰著，北平直隶书局影印，王静安先生校本

古韵表集说/夏忻著，北京大学排印本

国故论衡/章炳麟著，浙江书局刻章氏丛书本

四声实验录/刘复著，群益书社

四音定切/刘熙载著，兴化刘氏家祠刻本

(三)姚名达推荐的书目

目录学参考书目：姚名达(1905–1942)，中国著名目录学家。

1934年他在《目录学》一书中为初学者推荐了上述“目录学参考书目”，该书由商务印书馆1934年出版。

必须阅读者：

汉书艺文志（一卷）/班固编，汉书本，商务古书源流本

汉书艺文志补注/王先谦补注，汉书补注卷三十，坊本

汉书艺文志条理（十卷）/姚振宗编，快阁师石山房丛书，浙江省立图书馆稿本

汉书艺文志拾补（六卷）/姚振宗补，快阁师石山房丛书，浙江省立图书馆稿本

汉书艺文志姚氏学/姚明晖著，姚明晖自刻本，中国书店排印本

汉书艺文志讲疏/顾实著，商务印书馆本

汉书艺文志考证/王应麟著，玉海本

七略别录佚文/姚振宗辑编，快阁师石山房丛书本

七略佚文/姚振宗辑编，快阁师石山房丛书本

七略别录辑本/马国翰辑编，玉陀山房集

七略辑本/马国翰缉编，玉陀山房集

七录序录/阮孝绪编，广宏明集中有四部丛刊本

隋书经籍志（四卷）/魏徵等编，隋书本，八史经籍志本，访本

隋书经籍志考证（十三卷）/章宗源著，湖北崇文书局本

隋书经籍志考证（五十二卷）/姚振宗著，快阁师石山房丛书本

隋书经籍志纠缪/康有为著，收入《新学伪经考》

旧唐书经籍志(二卷)/刘熙等编,《旧唐书》内

新唐书艺文志(四卷)/欧阳修编

通志艺文略校雠略/郑樵著,浙江图书馆本

崇文总目辑本(十二卷)/王尧臣等辑,四库全书本,钱东垣等辑释本五卷

郡斋读书志(五卷)(内《附记》一卷)《后志》二卷/晁公武编,海昌陈氏原刊本,又二十卷,附记二卷,长沙王氏刊本

直斋书录解题(二十二卷)/陈振孙著,四库全书本,浙江覆聚珍本

遂初堂书目/尤褒编,四库本

文献通考经籍考/马端临著,浙江图书馆本,通行本

国史经籍志纠缪(六卷)/焦竑著,粤雅堂丛书本

四库全书总目提要/永瑢,纪昀主编,通行本,万有文库本,初刊本

四库全书简明目录/永瑢,纪昀主编,通行本,鲍廷搏刊本

四库未收书目提要(五卷)(亦名《擘经室外集》)/阮元主编,原刊本,坊刊本

天禄琳瑯书目前编(十卷)/于敏中编,长沙王氏刊本,四库全书本

天禄琳瑯书目后编(二十卷)/彭元瑞编,长沙王氏刊本

汇刻书目(二十卷)/顾修编,千顷堂本

经义考(三百卷)/朱彝尊者,浙江书局刊本

经义考补正(十二卷)/翁方纲补正,粤雅堂本

古今伪书考/姚际恒著,通行本

书目举要/周贞亮,李之洞编,南城宜秋馆刊

书目长编(二卷)/邵瑞彭等编,北京资研社刊印本

书目考(十二卷)/刘纪泽著,坊刊本

书目举要补正(六卷)附录二卷索引二卷/刘纪泽补正

校雠通义/章学诚著,通行本

阅藏知津(四十八卷)/释法云编,万有文库本

道藏目录洋注(四卷)/白云簿注,四库全书本

道藏辑要总目/蒋元廷编,守一子校正本今刊

书目答问/张之洞著,通行本,万有文库本

可供浏览者:

补后汉书艺文志(十卷)/顾怀三补,金陵丛书本

补续汉书艺文志/钱大昭补,广雅丛书本

后汉书艺文志补一卷考证十卷/曾朴著,自刊本

后汉艺文志(四卷)/姚振宗编,快阁师石山房丛书本

补后汉艺文志(二卷)/侯康补,广雅丛书本

补三国艺文志(四卷)/侯康补,广雅丛书本

三国艺文志(四卷)/姚振宗编,快阁师石山房丛书本

补绅晋书艺文志(四卷)/吴士鉴补,自刊本

补五代史艺文志(一卷)/顾怀三补全陵丛书本

宋史艺文志(八卷)/脱脱等编,宋书本,八史经籍志本

宋史艺文志补(一卷)/倪灿补,广雅本,八史经籍志本

补元史艺文志(四卷)/钱大昭补,广雅本,八史经籍志本

补辽金元三史艺文志(一卷)/倪灿补,广雅本,八史经籍志本

补辽金元三史艺文志(一卷)/金门诏补,广雅本,八史经籍志本

明史艺文志(四卷)/张廷玉编,明史本

读书敏求记/钱曾著,又《校正》十一卷,章钰校,坊本

开有益斋读书志六卷续记一卷/朱绪曾编,光绪元刊本

士礼居藏书题跋记六卷续记二卷再续二卷/黄丕烈著,古学本

百宋一廛楼书目/黄丕烈编,原刊本

四库简明目录标注(二十卷)/邵懿辰注,家刊本

郘亭知见传本书目(十六卷)/莫友芝编,扫叶山房石印本

铁琴铜剑楼书目(二十四卷)/瞿镛编,家刻本

兰宋楼藏书志(二百二十卷又续志四卷)/陆心源编,家刊本

善本书室藏书志(四十卷)/丁丙编,家刊本

艺风堂藏书记(八卷)/谬荃孙编,家刊本

八千卷楼书目(二十卷)/丁仁编,家刊本

南洋中学藏书目/陈乃乾编,排印本

（四）夏承焘推荐的书目

词学学习书目：夏承焘（1900–1986），著名词学家。此书目录自1937年《出版周刊》新237、238期夏承焘撰的《如何读词书》。

词选：

花间集/赵崇祚编，华连圃注释本

草堂诗余

乐府雅词/曾慥编

阳春白雪/赵闻礼编

花庵绝妙词选/黄升编

绝妙好词/周密编

词综/朱彝尊编

词选/张惠言编

宋四家词选/周济编

词辨/周济编

宋词三百首/朱祖谋编

词集：

金奁集/温庭筠著

阳春集/冯廷巳著

二主词/李璟，李煜著，赵万里影印本

乐章集/柳永著

小山词/晏幾道著

东坡乐府/苏轼著

淮海居士长短句/秦观著

清真集/周邦彦著

白石道人歌曲/姜夔著

稼轩长短句/辛弃疾著

梦窗词/吴文英著

须溪词/刘辰翁著

花外集/王沂孙著

山中白云词/张炎著

明秀集/蔡松年著

遗山乐府/元好问著

词谱：

白香词谱/舒梦兰著

词律/万树著

钦定词谱/康熙御纂

词话：

词源/张炎著

乐府指迷/沈义父著

词苑萃编/冯金伯著

介存斋论词杂著/周济著

词概/刘熙载著

白雨斋词话/陈廷焯著

人间词话/王国维著

词林纪事/张宗橚著

清真先生遗事/王国维著

词韵：

词林正韵/戈载著

(五)周予同推荐的书目

经今文学重要书籍：周予同(1898-1981)，复旦大学教授、著名经济学家。1955年中华书局出版其专著《经今古文学》。书中他介绍推荐了经今文学重要典籍。上述书目即录自该书。

通编：

新学伪经考/康有为著，万木草堂刊本(铅印本)

孔子改制考/康有为著，万木草堂刊本(铅印本)

今古学考/廖平著，四益馆经学丛书本，适园丛书本

知圣篇/廖平著，四益馆经学丛书本

经话/廖平著，四益馆经学丛书本

经学通论/皮锡瑞著，原刻本，商务印书馆影印本

经学历史/皮锡瑞著,原刻本,群益书局铅印本,商务印书馆影印本

史记探原/崔适著,木刻本,北京大学铅印本

诗:

鲁诗故/玉函山房辑佚书本,黄氏逸书考本

齐诗传/玉函山房辑夫书本,黄氏逸书考本

齐诗翼氏学/连鹤寿著,续清经解本

齐诗翼氏学疏证/陈乔枞疏证,续清经解本

韩诗故/玉函山房辑佚书本

韩诗说/玉函山房辑佚书本

韩诗内传/玉函山房辑佚书本

韩诗外传/古经解汇函本

韩诗薛君章句/玉函山房辑佚书本

诗考/王应麟著,玉海本

重订三家诗拾遗/范家相著,叶钧重订,岭南遗书本

三家诗补遗/阮元著,观古堂汇刻书本

三家诗补注/丁晏补注,清经解本

三家诗异文疏证/冯登府疏证,清经解本

三家诗遗说考/陈寿祺,陈乔枞著,续清经解本

四家诗异文考/陈乔枞著,续清经解本

四家诗异文考补/江瀚著，晨风阁丛书本

诗三家义集疏/王先谦辑撰，原刻本

诗古微/魏源著，原刻本，续清经解本

书：

尚书大传/古经解汇函本

尚书欧阳章句/玉函山房辑佚本，黄氏逸书考本

尚书大夏侯章句/玉函山房辑夫本

尚书小夏侯章句/玉函山房辑佚本

今文尚书经说考/陈乔樅著，续清经解本

尚书欧阳夏侯遗说考/陈乔樅著，续清经解本

书古微/魏源著，原刻本，续清经解本

礼：

礼经通论/邵懿辰著，续清经解本，国学扶轮社铅印本

易：

周易施氏章句/玉函山房辑佚本

周易孟氏章句/玉函山房辑佚本

周易梁丘氏章句/玉函山房辑佚本

周易京氏章句/玉函山房辑佚本

京氏易传/学津讨源本，津逮秘书本春秋

公羊严氏春秋/玉函山房辑佚本

春秋公羊颜氏记/玉函山房辑佚本

公羊何氏释例/刘逢禄撰,清经解本

公羊何氏解诂笺/刘逢禄笺注,清经解本

左氏春秋考证/刘逢禄著,清经解本

春秋繁露/董仲舒著,古经解汇本

春秋董氏学/康有为著,万木草堂刊本

春秋复始/崔适著,北京大学铅印本

论语:

齐论语/玉函山房辑佚书本

论语述何/刘逢禄著,清经解本

论语注/戴望注,南箐学院丛书

(六)陈旭麓推荐的书目

学习中国近代史书目:此书目录自著名史学家陈旭麓所撰《漫谈学习中国近代史》。文刊于《书林》1979年第2期。

中国近代史(上册)/范文澜著,人民出版社,1955年

中国史稿(第四册)/郭沫若主编,人民出版社,1962年

帝国主义与中国政治/胡绳著,人民出版杜,1954年

帝国主义侵华史/丁名楠等编著,人民出版社,1961年

中国近百年政治史/李剑农著

清代通史/肖一山著，中华书局

辛亥革命前后的中国政治/黎澍著

中国棉纺织史稿/严中平著

严复传/王拭著，上海人民出版社，1957午

孙中山/尚明轩著，北京出版社

中国近代史丛书/上海人民出版杜，1974年

中国近代史资料丛刊/上海人民出版社，1978年

中国近代史资料选辑/杨松、邓力群选编，荣孟源增订三联书店，1954年

中国哲学史资料选辑（近代部分）/中国社会科学院哲学研究所，中国哲学史研究室编，中华书局

（七）夏冬元、刘学照推荐的书目

大学文科中国近代史阅读书目："中国近代史阅读书目"由华东师范大学著名教授，中国近代史研究专家夏东元和刘学照推荐。书目录自《书林》1982年第5期。

近代通史性著作：

中国近代史（上册）/范文澜著，人民出版社，1955年

中国近代史/杜增平著，湖南人民出版社，1958年

中国近代史/《中国近代史》编写组编，中华书局，1979年

从鸦片战争到五四运动/胡绳著，人民出版社，1981年

中国史稿（第四册）/郭沫若主编，人民出版社，1962年

中国史纲要（第四册）/翦伯赞主编，人民出版社，1964年

中国近代史稿（第一卷）/戴逸著，人民出版社，1958年

中国近代史新编（上册）/苑书义等定稿，人民出版社，1981年

专史和专题史：

帝国主义侵华史（第一卷）/丁名楠等编著，人民出版社，1961年

美国侵华史/刘大年著，人民出版社，1954年

沙俄侵华史（第二卷）/中国社会科学院近代史研究所《沙俄侵华史》编写组编，人民出版社，1978年

帝国主义与中国政治/胡绳著，人民出版社，1954年

戊戌以后三十年政治史/李剑农著，中华书局，1965年

中国近代经济史/中国人民大学政治经济学系《中国近代经济史》编写组编，人民出版社，1979年

中国近代经济史统计资料选辑/严中平等编著，科学出版社，1955年

中国近代思想史论/李泽厚著，人民出版社，1979年

中国近代经济思想史（修订本）/赵靖、易梦虹主编，中华书局，1980年

太平天国兴亡史/茅家琦等著，上海人民出版社，1980年

义和团运动史/廖一中等著，人民出版社，1981年

辛亥革命/吴玉章著，人民出版社，1961年

辛亥革命史/章开源、林增平主编，人民出版社，1980-1981年

鸦片战争/鲍正鹄著，新知识出版社，1954年

第二次鸦片战争/蒋孟引著，三联书店，1965年

洋务运动/牟安世著，上海人民出版社，1956年

中法战争/牟安世著，上海人民出版社，1955年

甲午中日战争/贾逸君著，新知识出版社，1955年

戊戌变法/胡滨著，新知识出版社，1956年

北洋军阀史略/来新夏著，湖北人民出版社，1957年

严复传/王栻著，上海人民出版社，1957年

孙中山传/尚明轩著，北京出版社，1981年

林则徐传/杨国桢著，人民出版社，1981年

论文集：

中国近代史论文集/中国人民大学清史研究所编，中华书局，1979年

太平天国史论文选/北京太平天国史研究会编，三联书店，1981年

辛亥革命史论文选/辛亥革命史研究会编，三联书店，1981年

中国近代史诸问题/刘大年著，人民出版社，1965年

马克思主义与中国革命/黎澍著，人民出版社，1963年

中国近代史分期问题讨论集/《历史研究》编辑部编，三联书店，1957年

中国近代人物论丛/三联书店编辑出版，1965年

中国近代思想史论文集/上海人民出版社编辑出版，1958年

鸦片战争史论文专集/列岛编，三联书店，1958年

中日甲午战争论集/《历史教学》月刊社编，五十年代出版社，1954年

戊戌变法六十周年纪念论文集/吴玉章等著，中华书局，1958年

义和团运动六十周年纪念论文集/中国科学院山东分院历史研究所编，中华书局，1961年

文献资料：

中国近代史资料选辑/杨松、邓力群选编，荣孟源增订，三联书店，1954年

中国通史教学参考资料近代部分(修订本)/翦伯赞、郑天挺主编，中华书局，1980年

(八)施蛰存推荐的书目

大学文科中国古典文学阅读书目：施蛰存，华东师范大学中文系教授、著名作家。他和周圣伟推荐的上述书目，录自《书林》

1983年第1期。

诗、词、曲：

诗经选/余冠英选注，人民文学出版社，1979年

诗集传/朱熹著，上海古籍出版社，1980年

楚辞选/马茂元注，人民文学出版社，1958年

古诗十九首初探/马茂元著，陕西人民出版社，1981年

汉魏六朝诗选/余冠英编，人民文学出版杜，1978年

唐诗三百首/蘅塘退士（孙洙）编，中华书局，1978年

唐诗三百首详析/喻守真编，中华书局，1957年

唐诗选/马茂元编，人民文学出版社，1960年

唐诗选/余冠英等编注，人民文学出版社，1978年

宋诗选注/钱钟书选注，人民文学出版社，1979年

唐宋诗举要/高步瀛选注，上海古籍出版杜，1978年

唐宋名家词选/龙榆生编选，上海古籍出版社，1978年

唐五代两宋词简析/刘永济选释，上海古籍出版社，1981年

唐宋词选/中国社会科学院文学研究所编，人民文学出版杜，1981年

宋词选/胡运翼选注，上海古籍出版社，1978年

近三百年名家词选/龙榆生辑，上海古籍出版杜，1979年

元散曲选注/王季思等编选，北京出版杜，1981年

文：

先秦散文选注/罗根泽编，戚法仁注，作家出版社，1957年

史记选/王伯祥选，人民文学出版社，1962年

汉魏六朝赋选/瞿蜕园选，上海古籍出版社，1979年

唐宋文举要/高步瀛选注，上海古籍出版社，1982年

古文观止/吴楚材、吴调侯编选，中华书局，1979年

古代散文选/隋树森等编选，人民教育出版社，1981年

小说戏剧：

三国演义/罗贯中著，人民文学出版社，1973年

水浒传/施耐庵著，人民文学出版社，1975年

西游记/吴承恩著，人民文学出版杜，1973年

今古奇观/抱瓮老人辑，人民文学出版社，1957年

聊斋志异/蒲松龄著，上海人民出版社，1975年

儒林外史/吴敬梓著，人民文学出版社，1977年

红楼梦/曹雪芹著，人民文学出版社，1964年

元杂剧选注/王季思等编，北京出版社，1980年

西厢记/王实甫著，王季思校注，上海古籍出版社，1978年

牡丹亭/汤显祖著，人民文学出版社，1963年

长生殿/洪升著，人民文学出版社，1958年

桃花扇/孔尚任著，人民文学出版社，1959年

文学史：

中国文学史/游国恩等编，人民文学出版社，1963年

中国文学史/中国社会科学院文学研究所编，人民文学出版社，1962年

(九)熊复等15位学者推荐的书目：推荐书目均刊于《书林》1984年、1985年各期。

推荐者：熊复

哲理与情趣/阳作华著，湖北人民出版社，1983年

推荐者：徐铸成

我这三十年/沈醉著，湖南人民出版社，1983年

推荐者：徐中玉

文学沉思录/王元化著，上海文艺出版社，1983年

推荐者：罗竹风

治学集/《书林》编辑部编，上海人民出版社，1983年

推荐者：吕叔湘

应用文写作知识/《中国青年报》知识部编，王力著，档案出版社，1983年

推荐者：臧克家

访古学诗万里行/山东大学《杜甫全集》校注组著，人民文学出版社，1982年

推荐者：许力以

聂荣臻回忆录/聂荣臻著，战士出版社，1983年

推荐者：许涤新

中国经济发展战略问题研究/刘国光主编，上海人民出版社，1984年

推荐者：黄若舟

西方美术史话/迟轲著，中国青年出版社，1983年

推荐者：王震

恶魔导演的战争/刘亚洲著，解放军文艺出版社，1984年

推荐者：黄跃金

马克思恩格斯的人生之路/奕扶桂、王兴斌编著，辽宁人民出版社，1983年

推荐者：张玟

诸葛亮新传/章映阁著，上海人民出版社，1984年

推荐者：胡耀邦

小城镇大问题/江苏省小城镇研究课题组著/江苏人民出版社，1984年

（十）陈村等8位作家推荐的书目：《书林》杂志社在《书林》1986年第8期“他们在读什么书”题下，请陈村等8位著名作家介绍推荐了他们喜欢的在读书籍。

推荐者：陈村

文学的选择/吴亮著，浙江文艺出版社，1985年

小说家的世界/程德培著，浙江文艺出版社，1985年

推荐者：冯苓植

鲁迅的杂文

聊斋志异/蒲松龄著，上海人民出版社，1975年

推荐者：李龙深

吴亮评论小辑/吴亮著

鼓词汇集/文学艺术工作者联合会编印，1956年

推荐者：叶文玲

论文学的主体性/刘再复著

翁偶虹戏曲论文集/翁偶虹著，上海文艺出版社，1985年

推荐者：楚良

西方现代文艺方法论

推荐者：陈冲

男人的一半是女人/张贤亮著，四川文艺出版社，1986年

推荐者：周梅森

明清四川井盐史稿/张学君、冉光荣著,四川人民出版社,1984年

兴盛与危机/金观涛、刘青峰著,湖南人民出版社,1984年

推荐者:程树榛

新星/柯云路著,人民文学出版社,1985年

夜与昼/柯云路著,人民文学出版社,1986年

（十一）蔡美彪推荐的书目

研究元史的基本书目:蔡美彪,历任中国社会科学院近代史研究所研究员、学术委员等职。此书目录自蔡美彪《怎样学习和研究元史》,文刊《文史知识》1985年第3期。

元朝秘史(原名《蒙古秘史》)

圣武亲征录

元史

元典章

通制条格

宪台通记

南台备要

辍耕录

事林广记

居家必备

（十二）李学勤推荐的书目

学习古文字学最低限度书目:李学勤,历史学家、古文字学

家。此书目录自李学勤撰的《学习古文字学最低限度书目》,文刊于《文史知识》1985年第9期。

古文字学导论/唐兰著

古文字学讲义/高明著

汉语古文字字形表/四川大学编

金石书录目/容媛编

金石书录补编/容媛编

中国考古学文献目录/中国社会科学院考古研究所图书资料室编

甲骨文合集/郭沫若主编

甲骨文发现五十年的总结/胡厚宣著

殷墟发掘/胡厚宣著

殷墟卜辞综述/陈梦家著

殷墟文字集释/李考定编

甲骨文编/中国社会科学院考古研究所编

卜辞通纂/郭沫若著

陕西岐山风雏村西周甲骨文概论/陈全方著,载《四川大学学报丛刊》第十辑《古文字研究论文集》

两周金文辞大系/郭沫若著

商周彝器通考/容庚著

三代吉金文存/罗振玉著

金文著录简目/孙稚维编

金文编(增订本)金文续编/容庚编

季水藏陶

古陶文晋录/顾廷龙编

陶文编/金祥恒著

(十三)胡寄南等三位学者推荐的书目

普通心理学学习书目:胡寄南(1905-1989),华东师范大学教授、著名心理学家,此书目录自《胡寄丙心理学论文选》(学林出版社1985年出版)。

普通心理学/曹日昌主编,人民教育出版社,1964年

心理学/伍棠棣等主编,人民教育出版社,1980年

普通心理学/北京师范大学等四所院校编,陕西人民出版社,1982年

普通心理学/黄希庭著,甘肃人民出版社,1982年

普通心理学/陈孝禅著,湖南人民出版社,1983年

心理学/章志光主编,人民教育出版社,1984年

心理学/张厚粲等编,中央广播电视大学出版社,1986年

心理学原理/车文博主编,黑龙江人民出版社,1986年

心理学概论/荆其诚、林仲贤主编，科学出版社，1986年

基础心理学/张述祖、沈德立著，教育科学出版社，1987年

心理学/叶奕乾、祝蓓里主编，华东师范大学出版社，1984年

社会心理学参考书目：此书目录自《胡寄南心理学论文选》(学林出版社1985年出版)。

社会心理学/孙本文著，商务印书馆，1935年

社会心理学新论/陆志韦著，商务印书馆，1923年

社会心理学/时蓉华著，上海人民出版社，1986年

社会心理学/林秉贤著，群众出版社，1985年

社会心理学/全国八院校《社会心理学教程》编写组编著兰州大学出版社，1986年

(十四)张岱年推荐的书目

10本文化研究参考书：《中国图书评论》从1990年起，曾组织部分著名专家、学者向读者推荐有关学科领域的阅读参考书。该书目为著名哲学家、北京大学哲学系教授张岱年推荐，刊于《中国图书评论》1990年第2期"名家推荐"栏。

新民主主义论(《毛泽东选集》第二卷)/毛泽东著

周易讲座/金景芳著

论语浅解/钱逊著

老子注译及评介/陈鼓应著

论衡集解/刘盼遂著

中国哲学简史/冯友兰著

中国一百个哲学家/集体写作

(十五)周振甫推荐的书目

10种诗词选本:周振甫为中华书局编审、中国古典文学研究者。此书目刊于《中国图书评论》1990年第3期“名家荐书”栏。

诗经选/余冠英编

楚辞选/马茂元编

乐府诗选/余冠英编

汉魏六朝诗选/余冠英编

唐诗三百首新注/金性尧编

宋诗选注/钱钟书编

清诗三百首/钱仲联编,钱学增注

唐五代两宋词选释/俞陛云编

唐宋词选释/俞平伯编

近三百年名家词选/龙榆生编

(十六)方立天推荐的书目

10种人文科学方面的书:方立天为中国人民大学哲学系教授。此书目刊于《中国图书评论》1990年第5期“名家推荐”栏。

中国古典哲学概念范畴要论/张岱年著

朱熹哲学研究/陈来著

中国古代哲学和自然科学/李申著

周易译注/黄寿祺等著

认识论引论/夏甄陶著

价值论/李德顺著

世界十大宗教/黄心川主编

宗教学通论/吕大吉主编

中国文化概论/李宗桂著

文化学概论/郭齐勇著

(十七)丁守和推荐的书目

10种史学书:丁守和为中国社会科学院近代史研究所研究员,中国现代文化学会会长,此书目刊于《中国图书评论》1991年第2期“名家推荐”栏。

史记/司马迁著

中国古代社会研究/郭沫若著

中国思想通史/侯外庐著

中国通史/范文澜著

中国史纲/翦伯赞著

从鸦片战争到五四运动/胡绳著

戊戌后三十年中国政治史/李剑农著

隋唐制度渊源考略/陈寅恪著

周恩来传(1898-1949)/中共中央文献研究室编,金冲及主编

(十八)徐中玉推荐的书目

10部研究古代文论的要籍:徐中玉为著名文艺理论家,华东师范大学中文系教授,曾任中国作家协会上海分会主席。他认为中国古代文论是一座丰富的理论宝库,值得仔细研究。此书目刊于《中国图书评论》1991年第3期"名家推荐"栏。

论语

孟子/孟轲著

文赋/陆机著

文心雕龙/刘勰著

诗品/钟嵘著

史通/刘知几著

苏东坡集/苏轼著

沧浪涛话/严羽著

原诗/叶燮著

论艺六种/刘熙载著

(十九)刘纲纪推荐的书目

10部与研究中国美学有关的书:刘纲纪为武汉大学教授。从理解中国美学的精神来说,上面推荐的这10本书可能是相当重要

的。此书目刊于《中国图书评论》1991年第4期“名家推荐”栏。

庄子/庄周著

周易

楚辞章句/王逸著

世说新语/刘义庆著

五灯会元/普济辑

文艺心理学/朱光潜著

美学散步/宗白华著

中国艺术精神/徐复观著

美的历程/李泽厚著

(二十)苏双碧推荐的书目

10部中国近现代史著作:苏双碧为《求是》杂志社副总编辑、编审,此书目刊于《中国图书评论》1991年第6期“名家推荐”栏。

马克思主义学说史/许征帆等编著

帝国主义侵华史/丁名楠等编著

中国共产党的七十年/中共中央党史研究室著,胡绳主编

中国共产党历史(上卷)/中共中央党史研究室著

若干重大决策与事件的回顾(上卷)/薄一波著

辛亥革命史稿/金冲及、胡绳武著

五四运动史/彭明著

中西五百年比较/郝侠君等主编

“九·一八”事变丛书/辽宁人民出版社编

中国革命史丛书/新华出版社编

(二十一)宋则行推荐的书目

10部研究经济学必读的书:宋则行为辽宁大学经济学教授、全国外国经济史学会会长。此书目刊于《中国图书评论》1992年第1期"名家推荐"栏。

论十大关系/毛泽东著

建设有中国特色的社会主义/邓小平著

陈云同志文稿选编(1956-1962年)/陈云著

在庆祝中国共产党成立七十周年大会上的讲话/江泽民著

政治经济学社会主义部分/北方13所高等学校编写组编著

从古典经济学派到马克思/陈岱孙著

当代西方经济学说/罗志如等著

(二十二)郑成思推荐的书目

10本研究知识产权的参考书:郑成思为中国社会科学院研究员、北京大学兼职教授,此书目刊于《中国图书评论》1992年第2期"名家推荐"栏。

专利法教程/汤宗舜著

商标实例101/王正发著

中华人民共和国著作权法讲话/沈仁干等著

中华人民共和国著作权法知识问答/全国人大法工委民法室编

著作权法概要/河山、肖水著

著作权法人门和著作权纠纷事例分析/肖峋、江流著

著作权法逐条释义/肖雄琳著

商标法新论/何连国著

(二十三)林崇德推荐的书目

10部儿童心理学著作:林崇德为北京师范大学教授,此书目刊于《中国图书评论》1992年第3期“名家推荐”栏。

儿童心理学/朱智贤著

儿童心理学史/朱智贤等著

中国儿童青少年心理发展与教育/朱智贤主编

儿童发展心理学/李丹主编

发展心理学——儿童心理发展/刘范主编

(二十四)端木蕻良推荐的书目

10部文学作品:瑞木蕻良为北京市作协、中国红学会、中华诗词学会等部门顾问。此书目刊于《中国图书评论》1992年第5期“名家推荐”栏。

黄药眠抒情诗集/黄药眠著

雁来红/林林著

征农诗词一百首/夏征农著

方尼诗词一百首/方尼著

芦荻诗选/芦荻著

我爱/公木著

未带地图的旅人——萧乾回忆录/萧乾著

名将之鹰/苏策著

白洋淀三部曲/崔璇著

(二十五)敏泽推荐的书目

10种文艺理论及美学研究的参考书:敏泽为著名美学家、文艺理论家,中国社会科学院文学研究所研究员。此书目刊于《中国图书评论》1992年第6期"名家推荐"栏。

周易本义

淮南子/刘安等著

姜斋诗话/王夫之著

原诗/叶燮著

石涛画语录/道济著

管锥编/钱钟书著

张岱年文集/张岱年著

(二十六)王余光等推荐的书目

中国读者理想藏书书目:此书目精选自王余光主编,1999年1月《光明日报》出版社出版的《中国读者理想藏书》一书。

中国小说：

红楼梦/曹雪芹著，人民文学出版社，1982年

水浒传/施耐庵著，人民文学出版社，1975年

儒林外史/吴敬梓著，张慧剑校注，人民文学出版社，1958年

三国演义/罗贯中著，人民文学出版社，1990年

世说新语/刘义庆著，四部丛刊本

西游记/吴承恩著，人民文学出版社，1980年

聊斋志异/蒲松龄著，人民文学出版社，1989年

金瓶梅/兰陵笑笑生著，文学古籍刊行社影印，齐鲁书社删定本，1957年

镜花缘/李汝珍著，张友鹤校注，人民文学出版社，1955年

家/巴金著，人民文学出版社，1953年

骆驼祥子/老舍著，人民文学出版社，1962年

围城/钱钟书著，人民文学出版社，1991年

子夜/茅盾著，人民文学出版社，1978年

红岩/罗广斌、杨益言著，中国青年出版社，1961年

中国散文：

古文观止/吴楚材、吴调侯选编，安平秋点校，中华书局1987年

经史百家杂钞/曾国藩编，岳麓书社，1987年

古文辞类纂/姚鼐编，岳麓书社，1988年

独秀文存/陈独秀著，安徽人民出版社，1987年

中国诗歌：

诗经/余冠英选注，收入《中国古典文学读本丛书》之《诗经选》，人民出版社，1958年

楚辞/朱熹著《楚辞集注》本，上海古籍出版社，1979年

杜工部集/杜甫著，冯至等编注，《杜甫诗选》本，人民文学出版社，1962年

李太白集/李白著，中华书局点校本，1977年

白居易集/白居易著，中华书局点校本，1979年

唐诗三百首/蘅塘退士（孙洙）编，中华书局点校本，1984年

乐府诗集/郭茂倩著，中华书局点校本，1979年

十八家诗钞/曾国藩选编，同治十三年（1874）传忠书局刻本，上海中原书局圈点详注本，1926年

女神/郭沫若著，人民文学出版社，1959年

稼轩长短句/辛弃疾著，上海人民出版社，1974年

古诗源/沈德潜编，中华书局，1977年

喜剧：

西厢记/王实甫著，张燕瑾校注，人民文学出版社，1994年

关汉卿杂剧/关汉卿著，收入《关汉卿戏曲集》，中国戏剧出版社，1958年

桃花扇/孔尚任著，王季思等校注，人民文学出版社，1963年

长生殿/洪升著，王季思等校注，人民文学出版社，1963年

雷雨/曹禺著，人民文学出版社，1994年

牡丹亭/汤显祖著，商务印书馆，1954年

中国文学合集：

文选/萧统编，中华书局点校本，1977年

昌黎先生文集/韩愈著，上海古籍出版社，1994年

陶渊明集/陶渊明著，唐满先《陶渊明诗文选注》本，上海古籍出版社，1982年

柳河东集/柳宗元著，廖莹中编注，中华书局上海编辑所点校本，1956年

鲁迅全集/鲁迅著，人民出版社，1981年

东坡全集/苏轼著，陈迩冬选注，人民文学出版社，1957年

陆放翁全集/陆游著，游国恩等选注，人民文学出版社，1957年

欧阳文忠公文集/欧阳修著，商务印书馆，1958年

龚自珍全集/龚自珍著，中华书局点校本，1959年

李清照集/李清照著，人民文学出版社校注本，1979年

临川集/王安石著，中华书局点校本，1958年

文山先生全集/文天祥著，熊飞等点校，江西人民出版社，1987年

曾国藩全集/曾国藩著，湖南岳麓书社，1985-1989年

朱自清全集/朱自清著，朱乔森编，江苏教育出版社，1988年

中国文化：

说文解字/许慎著，中华书局，1963年

颜氏家训/颜之推著，王利器《颜氏家训集解本》，上海古籍出版社，1980年

曾国藩家书/曾国藩著，中国华侨出版社，1994年

孝经/《十三经注疏》本

尔雅/郝懿行撰，《尔雅义疏》本，《十三经注疏》本

菜根谭/洪应明著，袁庭栋整理本，巴蜀书社，1989年

四库全书总目提要/永瑢、纪昀主编，上海古籍出版社，1985年

风俗演义/应劭著，吴树平《风俗通义校释》本，天津人民出版社，1980年

广韵/陈彭年等重修，周祖谟《广韵校本》，商务印书馆1937年

经传释词/王引之著，黄侃、杨树达手批排印本，岳麓书社，1984年

马氏文通/马建忠著，章锡琛校注本，中华书局，1956年

释名/刘熙著，毕沅《释名疏证》本，《四库全书》本

书目答问/张之洞著，瞿凤起《书目答问补正》校点本，上海古籍出版社，1983年

吾土与吾民(译名《中国人》)/林语堂著，浙江人民出版社修订

本，1988年

中国文学理论与艺术：

文心雕龙/刘勰著，陆侃如、牟世金译注本，齐鲁书社，1988年

诗品/钟嵘著，郭绍虞《诗晶集解》本，人民文学出版社，1963年

宋元戏曲考/王国维著，收入《王国维戏曲论文集》，中国戏剧出版社，1983年

人间词话/王国维著，人民文学出版社，1962年

沧浪诗话/严羽著，郭绍虞《沧浪诗话校释》本，人民文学出版社，1962年

中国历史：

史记/司马迁著，中华书局点校本，1959年

左传/左丘明著

资治通鉴/司马光著，中华书局点校本，1956年

汉书/班固著，中华书局点校本，1962年

春秋/孔丘著，《十三经注疏》本

后汉书/范晔著，中华书局点校本，1959年

三国志/陈寿著，中华书局点校本，1959年

公羊传/现存《春秋公羊传注疏》28卷，《汉书·艺文志》为11卷

谷梁传（全称《谷梁春秋》、《春秋谷梁传》）

隋书/魏征等著，中华书局点校本，1973年

战国策/上海古籍出版社点校本，1985年

国语/左丘明著，上海古籍出版社点校本，1978年

史通/刘知几著，《四部丛刊》影印本

文史通义/章学诚著，叶瑛校注，中华书局校注本，1975年

漠通鉴论/王夫之著，《四部备要》本

明史纪事本末/谷应泰著，收入《四库全书》

通鉴纪事本末/袁枢著，顾士诚点校本，中华书局，1964年

贞观政要/吴兢著，上海古籍出版社点校本，1978年

天文、地理、游记：

徐霞客游记/徐霞客著，上海古籍出版社，1980年

山海经/袁珂校注，《山海经校注》本，上海古籍出版社，1980年

水经注/郦道元著，《国学基本丛书》本，商务印书馆，1958年

大唐西域记/玄奘著，季羡林等校注，中华书局，1985年

海国图志/魏源著，1852年补成100卷重刊于高邮

读史方舆纪要/顾祖禹著，《读史方舆纪要校记》本，中华书局，1955年

中国哲学：

庄子/庄周著，曹础基《庄子浅注》本，中华书局，1982年

老子/老聃著，马叙伦《老子校诂》本，高亨《老子正诂》本，朱谦之《老子校释》本

论语/杨伯峻,《沦语译注》本,中华书局,1980年

韩非子/韩非著,陈奇猷《韩非子集释补》本,中华书局,1962年

孟子/孟轲著,杨伯峻《孟子译注》本,中华书局,1960年

荀子/荀况著,梁启雄《荀子简释》本,北京古籍出版社,1956年

周易/李镜池,《周易通义》本,中华书局,1981年

礼记/戴圣编,《十三经注疏》本

墨子/墨翟著,孙冶让《墨子间诂》点校本,中华书局,1986年

尚书/王世舜,《尚书译注》本,四川人民出版社,1982年

论衡/工充著,刘盼遂《论衡集释》木,北京古籍出版社,1957年

四书集注/朱熹著,《四书章句集注》标点本,中华书局,1983年

明夷待访录/黄宗曦著,中华书局点校本,1981年

传习录/王守仁著,叶绍钧点注本,商务印书馆,1927年

社会学大纲/李达著,上海笔耕室书局初版,1937年

东西文化及其哲学/梁漱溟著,收入《梁漱溟全集》第1卷,山东人民出版社,1989年

中国哲学史大纲/胡适著,商务印书馆,1919年

中国学术:

清代学术概论/梁启超著,中华书局,1954年

明儒学案/黄宗曦著,中华书局点校本,1985年

宋元学案/黄宗曦等著，中华书局，1986年

经学历史/皮锡瑞著，周予同注释本，中华书局，1959年

新学伪经考/康有为著，上海古籍出版杜标点本，1955年

宗教：

六祖坛经/慧能著，郭朋《坛经校释》本，中华书局，1983年

抱朴子/葛洪著，王明注《抱朴子内篇校释》本，中华书局，1982年

中国科学技术：

梦溪笔谈/沈括著，胡道静《梦溪笔谈》整理本，中华书局，1962年

天工开物/宋应星著，钟广言注释本，广东人民出版社，1976年

本草纲目/李时珍著，上海科学技术出版社影印本，1993年

黄帝内经/河北医学院《黄帝内经素问校释》本，人民卫生出版社，1982年；《黄帝内经灵枢校注语译》本，天津科学技术出版社，1989年

齐民要术/贾思勰著，中华书局出版，1956年

九章算术/郭书春《九章算术》汇校本，辽宁教育出版社，1990年

农书/陈旉著，中华书局排印本，1956年

营造法式/李诫著，商务出版社排印本，1954年

中国政治、经济、军事、法律：

孙子兵法/孙武著，上海古籍出版社重排本，1978年

新民主主义论/毛泽东著，收入《毛泽东选集》第2卷，人民出版社，1991年

建国方略/孙中山著，收入《孙中山全集》第6卷，中华书局，1985年

盐铁论/桓宽著，马非百《盐铁论简注》本，中华书局，1984年

(二十六)俞汝勤等教授推荐的书目

大学生应读文化名著书目：为了给大学生文化素质教育提供一本文化名著阅读教材，湖南大学在众多知名专家支持下，编撰了《大学生文化名著导读》(高等教育出版社1998年出版)，由湖南大学校长、中科院院士俞汝勤教授担任顾问，湖南师范大学伦理学研究所所长、博士生导师唐凯麟教授担任主审。

马克思主义经典：

矛盾论/毛泽东著，收入《毛泽东著作选读》(上)，人民出版社，1986年

新民主主义论/毛泽东著，收入《毛泽东著作选读》(上)，人民出版社，1986年

解放思想，实事求是，团结一致向前看/邓小平著，收入《邓小平文选》第2卷，人民出版社，1994年

建设有中国特色的社会主义/邓小平著，收入《邓小平文选》第3卷，人民出版社，1993年

中国文化典籍：

礼记选译/朱正义等译注，巴蜀书社，1990年

大学 中庸 四书全译/张以文译注，湖南大学出版社，1989年

孙子兵法注译/孙武著，李零译注，巴蜀书社，1991年

墨子选译/墨翟著，张继华译注，巴蜀书社，1991年

左传选译/左丘明著，陈世饶等译注，巴蜀书社，1991年

荀子选译/荀况著，雷克等泽注，巴蜀书社，1991年

韩非子选译/韩非著，刘乾先等译注，巴蜀书社，1991年

史记选译/司马迁著，李国祥等译注，巴蜀书社，1991年

论衡选译/王充著，黄中然等译注，巴蜀书社，1991年

坛经校释/郭明校释，中华书局，1983年

资治通鉴选译/司马光著，李庆译注，巴蜀书社，1991年

梦溪笔谈选译/沈括著，李文泽译注，巴蜀书社，1991年

王夫之文选·读通鉴论/北京大学哲学系哲学史教研室编，中华书局，1962年

徐霞客游记/徐弘祖著，周晓薇等译注，巴蜀书社，1991年

明夷待访录/黄宗羲著，收入《中国变革文化名著》（张岱年总主编），延边大学出版社，1995年

仁学/谭嗣同著，收入《中国变革文化名著》（张岱年总主编），延边大学出版社，1995年

革命军（节选）/邹容著，收入《中国变革文化名著》（张岱年总

主编),延边大学出版社,1995年

陈独秀文章选编·敬告青年/三联书店,1984年

李大钊选集·庶民的胜利/人民出版社,1959年

中国史纲要/翦伯赞主编,人民出版社,1963年

中国文学名著:

中国古代神话/袁珂著,中华书局,1960年

文选/萧统编,中华书局,1977年

玉台新咏/徐陵编,成都古籍书店影印,1980年

水经注/郦道元著,岳麓书社,1995年

诗集传/朱熹注,岳麓书社,1989年

楚辞补注/洪兴祖补注,中华书局,1983年

古文观止/吴楚材、吴调侯选编,中华书局,1959年

搜神记/干宝著,岳麓书社,1989年

世说新语/刘义庆著,岳麓书社,1989年

唐宋传奇集/文学古籍刊行杜,1956年

牡丹亭/汤显祖著,人民文学出版社,1963年

三国演义/罗贯中著,人民文学出版社,1953年

水浒传/施耐庵著,人民文学出版社,1973年

聊斋志异/蒲松龄著,上海古籍出版社,1979年

毛泽东诗词集/中共中央文献研究室编,中央文献出版社,

1996年

鲁迅选集/鲁迅著，人民文学出版社，1983年

女神/郭沫若著，收入《郭沫若全集·文学编》第1卷，人民文学出版社，1982年

家/巴金著，人民文学出版社，1977年

骆驼祥子/老舍著，人民文学出皈社，1962年

雷雨/曹禺著，中国戏剧出版社，1980年

围城/钱钟书著，人民文学出版社，1980年

青春之歌/杨沫著，作家出版社，1958年

红岩/罗广斌、杨益言著，中国青年出版社，1961年

中国文学史/袁行霈主编，高等教育出版社，1998年

(二十七)朱寨、严家炎等推荐的书目

百年百种优秀中国文学图书：为了回顾20世纪中国文字的发展历程，展示百年的杰出文学成果，由人民文学出版社、北京图书大厦联合发起，组织了百年百种优秀中国文学图书的评选活动。评选分三阶段进行：先由人民文学出版社资深编辑和专家委员会有关成员，对中国百年来出版的文学图书进行梳理，提出三百种备选书目，然后组织社外中青年文学研究专家进行评选，确定二百种入围书目；最后由朱寨、严家炎等社外著名专家学者组成的评选委员会进行三轮现场投票，选定了百种书目。评选工作历时

月余，于1999生8月16日尘埃落定，上榜书目也相继被多家报刊刊载，产生了较为广泛的社会影响。

官场现形记/李伯元著，1903年世界繁华报馆开始陆续分册出版

孽海花/曾朴著，1905年上海小说林出版社20回本，1928年上海真善美书店出版30回本

二十年目睹之怪现状/吴研人著，1906年上海广智书局陆续出版

南社丛选/胡朴安选录，国学社，1924年

人境庐诗草/黄遵宪著，1911年在日本出版线装排印本

老残游记/洪都百炼生(刘鹗)著，上海神州日报馆，1917年

尝试集/胡适著，上海亚东图书馆，1920年

女神/郭沫若著，上海泰东图书局，1921年

沉沦/郁达夫著，上海泰东图书局，1921年

呐喊/鲁迅著，北京新潮社，1923年

繁星/冰心著，上海商务印书馆，1923年

雨天的书/周作人著，上海北新书局，1925年

志摩的诗/徐志摩著，上海中华书局代印，1925年

寄小读者/冰心著，上海北新书局，1926年

彷徨/鲁迅著，北京北新书局，1926年

野草/鲁迅著，上海北新书局，1927年

死水/闻一多著，上海新月书店 1928年

背影/朱自清著，上海开明书店，1928年

在黑暗中/丁玲著，上海开明书店 1928年

倪焕之/叶绍钧著，上海开明书店，1929年

啼笑因缘/张恨水著，上海三友书社，1930年

缘缘堂随笔/丰子恺著，上海开明书店，1931年

新月诗选/陈梦家编，上海新月书店，1931年

鲁迅杂感选集/鲁迅著，何凝（瞿秋白）选编，上海青光书局，1933年

望舒草/戴望舒著，上海现代书局，1933年

烙印/臧克家著，自印（王剑三出版），1933年

子夜/茅盾著，上海开明书店，1933年

家（激流三郎曲之一）/巴金著，上海开明书店，1933年

边城/沈从文著，上海生活书店，1934年

南行记/艾芜著，上海文化生活出版社，1935年

死水微澜/李劼人著，上海中华书局，1936年

大堰河/艾青著，自印，上海群众杂志公司特约经售 1936年

湘行散记/沈从文著，上海商务印书馆，1936年

画梦录/何其芳著，上海文化生活出版社，1936年

上海屋檐下/夏衍著,上海杂志公司,1937年

萍踪忆语/韬奋著,上海生活书店,1937年

包身工/夏衍著,重庆生活书店,1939年

骆驼祥子/老舍著,上海人间书屋,1939年

黄河大合唱(组诗)/光未然著,广州离骚出版社,1938年

呼兰河传/萧红著,上海杂志公司,1941年

屈原/郭沫若著,重庆文林出版社,1942年

十四行集/冯至著,明日社,1942年

给战斗者/田间著,桂林南天出版社,1943年

速写三篇/张天翼著,重庆文化生活出版社,1943年

小二黑结婚/赵树理著,华北新华书店,1943年

传奇/张爱玲著,上海杂志社,1944年

小城风波/沙汀著,重庆东方书店,1944年

风雪夜归人/吴祖光著,上海开明书店,1944年

白毛女/延安鲁艺工作团集体创作,贺敬之、丁毅执笔马可等作曲,延安新华书店,1945年

穆旦选集(1939-1945)/穆旦(查良铮)自印,1945年

财主底儿女们(上、下)/路翔著,重庆希望社1945年(上);上海希望社1948年(下)

解放区短篇创作选/周扬编选,东北书店,1946年

果园城记/师陀著,上海出版公司,1946年

王贵与李香香/李季著,太岳新华书店,东北书店,1946年
围城/钱钟书著,上海晨光出版公司,1947年
人生采访/萧乾著,上海文化生活出版社,1947年
雅舍小品/梁实秋著,台北正中书局,1949年
曹禺剧本选/曹禺著,上海文化生活出版社,1949年
保卫延安/杜鹏程著,人民文学出版社,1954年
红旗谱/梁斌著,中国青年出版社,1957年
射雕英雄传/金庸著,香港明河社出版有限公司,1971年
茶馆/老舍著,中国戏剧出版杜,1958年
关汉卿/田汉著,中国戏剧出版社,1958年
青春之歌/杨沫著,作家出版社,1958年
白洋淀纪事/孙犁著,中国青年出版社,1958年
城南旧事/林海音著,台中光启出版社,1960年
阿诗玛/李广田,公刘整理,人民文学出版社,1960年
创业史/柳青著,中国青年出版社,1960年
红岩/罗广斌、杨益言著,中国青年出版社,1961年
燕山夜话/马南邨著,北京出版杜,1961年
毛泽东诗词选/毛泽东著,人民文学出版社,1963年
李自成(第一卷)/姚雪垠著,中国青年出版社,1963年
台北人/白先勇著,台北晨钟出版社,1971年
家变/王文兴著,台北环宇出版社,1973年

将军族/陈映真著，台北远景出版社，1975年

郭小川诗选/郭小川著，人民文学出版社，1977年

百合花/茹志鹃著，人民文学出版社，1978年

哥德巴赫猜想/徐迟著，人民文学出版社，1978年

四世同堂/老舍著，百花文艺出版社，1979年

随想录（1–5）/巴金，香港三联书店1979年出版第一集；人民文学出版社1986年出齐

重放的鲜花/上海文艺出版社编，上海文艺出版社，1979年

博雷家书/傅雷著，三联书店，1981年

干校六记/杨绛著，三联书店，1981年

芙蓉镇/古华著，人民大学出版社，1981年

白色花/绿原、牛汉编，人民文学出版社，1981年

九叶集/辛笛著，江苏人民出版社，1981年

汪曾祺短篇小说选/汪曾祺著，北京出版社，1982年

棋王/阿城著，作家出版社，1985年

北方的河/张承志著，百花文艺出版社，1985年

男人的一半是女人/张贤亮著，中国文联出版公司，1985年

活动变人形/王蒙著，人民文学出版社，1986年

平凡的世界/路遥著，中国文联出版公司，1986年

北岛诗选/北岛著，新世纪出版社，1986年

红高粱家族/莫言著，解放军文艺出版社，1987年

古船/张炜著，人民文学出版社，1987年

南渡记/宗璞著，人民文学出版社，1988年

余光中诗选/刘登翰等选编，海峡文艺出版社，1988年

蒲桥集/汪曾祺著，作家出版社，1989年

白鹿原/陈忠实著，人民文学出版社，1993年

舒婷的诗/舒婷著，人民文学出版社，1998年

(二十八)钱谷融、吴阶平等38位专家教授推荐的书目

青少年成长必读书目：录自2000年3月由《语文学习》编辑部编，上海世纪出版集团、上海教育出版社出版的《专家教授推荐青少年成长必读书》一书。

推荐者：钱谷融、吴阶平

三国志通俗演义/罗贯中著

推荐者：戴敦邦

水浒传/施耐庵著

推荐者：贾植芳

西游记/吴承恩著

推荐者：郭豫适

红楼梦/曹雪芹著

推荐者：海笑

呐喊/鲁迅著

推荐者:陈鸣树

骆驼祥子/老舍著

推荐者:韩映山

铁木前传/孙犁著

推荐者:曹可凡

岛人笔记/赵丽宏著

推荐者:徐中玉

文人画像——名人笔下的名人/杨扬、傅杰著

推荐者:陆一飞

丰子恺作品精选/丰子恺著

推荐者:徐昌酩

古文观止/吴楚材、吴调侯编选

推荐者:陈鹏举

杜甫传/冯至著

推荐者:罗洛

中国诗歌宝库/钱伯诚主编

推荐者:濮之珍、陈宜张

唐诗三百首/蘅塘退士(孙洙)编

推荐者:耿庸

朝花夕拾/鲁迅著

推荐者:徐鹏

唐诗百话/施蛰存著

推荐者:蒋孔阳

文艺心理学/朱光潜著

推荐者:赵长天

艺术·人·真城——钱谷融论文自选集/钱谷融著

推荐者:叶永烈

十万个为什么/上海人民出版社编　　中国的土壤/张俊民等著

推荐者:李庆达

(二十九)台湾省文化、学术界人士推荐的书目

台湾省50年代至80年代的30本畅销书:此书目由台湾久大文化出版社于1987年咨询了30位文化、学术界人士,做了400余份读者问卷调查和实际的市场观察,排选出以下书目。

50年代:

星星·月亮·太阳/徐速著

蓝与黑/王蓝著

滚滚辽河/纪刚著

未央歌/鹿桥著

张爱玲短篇小说集/张爱玲著

异域/邓克保著

西湖/蒋梦麟著

新人生观/罗家伦著

70年代:

台北人/白先勇著

家变/王文兴著

尹县长/陈若曦著

郑愁予诗集/郑愁子著

莎哟哪啦,再见/黄春明著

棋王/张系国著

青青子衿/陈晓林著

小太阳/子敏著

开放的人生/王鼎钧著

代马输卒手记/张拓芜著

撒哈拉的故事/三毛著

80年代:

无怨的青春/席慕蓉著

千山有水千江月/肖丽红著

野火集/龙应台著

暗夜/李昂著

(三十)台湾省学者严耕望推荐的书目

中国中古史入门书目:严耕望为中国台湾中古史权威学者。此书目刊于1989年台湾省出版的《书目季刊》第23卷第1期。

史记/司马迁著

汉书/班固著

资治通鉴/司马光著

通典/杜佑著

世说新语/刘义庆著

高僧传/慧皎著

国史大纲/钱穆著

秦汉史/吕思勉著

魏晋南北朝史/吕思勉著

隋唐五代史/吕思勉著

(三书选一)

中国历史研究法/梁启超著

四库全书简明目录/永瑢、纪昀主编

（三十一）台湾省学者李国良推荐的书目

主修国文以外科系的师范生应读的古书：以下是台北师范专科学校李国良教授向主修国文以外科系的师范生推荐的应读古书的书目。

必读部分：

诗经

左传/左丘明著

四书

孝经

礼记/戴圣编

庄子/庄周著

墨子/墨翟著

选读部分：

老子/老聃著

史记/司马迁著

荀子/荀况著

国语/左丘明著

战国策

韩非子/韩非著

吕氏春秋/吕不韦等著

古文辞类纂/姚鼐编

十八家诗钞/曾国藩选编

词综/朱彝尊编

昭明文选/萧统编

浏览部分：

世说新语/刘义庆著

颜氏家训/颜之推著

朱子语类/朱熹著

象山语录/陆九渊著

传习录/王守仁著

曾文正公全集/曾国藩著

三国演义/罗贯中著

水浒传/施耐庵著

西厢记/王实甫著

老残游记/刘鹗著
儒林外史/吴敬梓著
桃花扇/孔尚任著
梧桐雨/白朴著
汉宫秋/马致远著

四、附录

(一)近20年中对中国社会影响最大的20本书:为了纪念改革开放20周年,《书城》杂志特举办读者评选,读者推荐(1978-1998)20年中对中国社会影响最大的20本书。书的类别、内容不限,但必须是我国这20年里初版的书,包括翻译著作。以上为这次活动评选结果。此书目刊于《书城》1999年第2期。

邓小平文选/邓小平著,人民出版社
金庸作品集/金庸著,三联书店
美的历程/李泽厚著,文物出版社
博雷家书/傅雷著,三联书店
丑陋的中国人/柏杨著,湖南文艺出版杜
围城/钱钟书著,人民文学出版社
哥德巴赫猜想/徐迟著,人民文学出版杜
平凡的世界/路遥著,人民文学出版社
王朔文集/王朔著,华艺出版社
张爱玲文集/张爱玲著,安徽文艺出版杜

（二）影响蔡元培的3部书：著名教育家蔡元培（1868–1940）说，青年时代他喜读的书，虽不只这3部，但这3部是他深受影响的。此书目录自蔡元培所撰的“三部深受影响的书”，文刊于1936年7月4日的《读书生活》第2卷第6期。

说文通训定声/朱骏声著

文史通义/章学诚著

癸巳类稿 癸巳存稿/俞正燮著

（三）对曹宪文影响最大的3本书：曹宪文，著名杂文家。他在1988年3月11日的《北京日报》读书版上撰文谈到上述3本书对他影响最大。

太平御览/李昉等辑

（四）对李燕杰影响最大的4本书：李燕杰，思想品德教育家和演讲家。他在1988年4月22日的《北京日报》读书版上谈对其“影响最大的书”，列举了此书目。

楚辞/刘向辑

鲁迅全集/鲁迅著

文天祥集/文天祥著

闻一多全集/闻一多著

（五）对任继愈影响最大的2本书：任继愈，中国国家图书馆馆长，著名哲学家。他在1988年9月16日的《北京日报》读书版上撰文谈到2本书对他影响最大。

呐喊/鲁迅著

59. 名著与人生 人文素质教育、中外名篇导读（节选）

《名著与人生 人文素质教育、中外名篇导读》，张从信等编著，云南大学出版社，2002年8月。

本书选录了《诗经》、《孔子》、《孙武》、《大学》、《黄鹤楼》、《蜀道难》、《将进酒》、《背影》、《人权宣言》等147位中外作家的近三百篇(首)作品。此处仅摘录中国经典部分。

诗经

周南·关雎

秦风·蒹葭

王风·黍离

卫风·伯兮

楚辞·屈原

离骚（节选）

九章·涉疆

九章·橘颂

九歌·东皇太一

九歌·礼魂

孔子

孟子

荀子

老子

逍遥游(节选)/庄子

秋水(节选)/庄子

非攻(上)/墨子

五蠹(节选)/韩非子

晏子使楚/晏子

孙子兵法(节选)/孙武

白马论/公孙龙

左传

子鱼论战

郑伯克段于鄢

国语

邵公谏弭谤

战国策

邹忌讽齐王纳谏

燕昭王求士

谏逐客书/李斯

垓下歌/项籍

吊屈原赋/贾谊

过秦论(上)/贾谊

论积贮疏/贾谊

子虚赋/司马相如

史记(节选)/司马迁

逐贫赋/扬雄

订鬼/王充

归田赋/张衡

汉乐府

陌上桑

长歌行二首·其一

十五从军征

悲歌

古诗十九首

行行重行行

迢迢牵牛星

学记

虽有佳肴

善学

君子知至学

博学

大学

右经一章

右传三章

乐记

乐象

师乙

蒿里行/曹操

短歌行/曹操

步出夏门行·观沧海/曹操

步出夏门行·龟虽寿/曹操

燕歌行/曹丕

野田黄雀行/曹植

白马篇/曹植

洛神赋/曹植

登楼赋/王粲

饮马长城窟行/陈琳

出师表/诸葛亮

诫子书/诸葛亮

咏怀诗八十二首·其三十九/阮籍

陈情表/李密

左思

咏史八首·其一

重赠卢谌/刘琨

兰亭集序/王羲之

饮酒·其五/陶渊明

杂诗十二首·其一/陶渊明

五柳先生传/陶渊明

归去来兮词并序/陶渊明

答谢中书书/陶宏景

寒夜怨/陶宏景

梅花落/鲍照

别赋/江淹

与宋元思书/吴均

水经注(节选)/郦道元

子夜四时歌 其三

折杨柳歌辞 其三

文心雕龙·神思(节选)/刘勰

婵/虞世南

谏太宗十思疏/魏征

送杜少府之任蜀川/王勃

为徐敬业讨武曌檄/骆宾王

望月怀远/张九龄

登幽州台歌/陈子昂

春江花月夜/张若虚

黄鹤楼/崔颢

山中留客/张旭

凉州词 其一/王之涣

芙蓉楼送辛渐/王昌龄

从军行 其二/王昌龄

过故人庄/孟浩然

题破山寺后禅院/常建

新情野望/王维

鸟鸣涧/王维

使至塞上/王维

观猎/王维

少年行四首 其三/王维

将进酒/李白

梦游天姥吟留别/李白

蜀道难/李白

宣州谢朓楼饯别校书叔云/李白

菩萨蛮/李白

春望/杜甫

登高/杜甫

八阵图/杜甫

绝句/杜甫

梦李白二首 其二/杜甫

走马川行奉送封大夫出师西征/岑参

逢入京使/岑参

别董大/高适

早春呈水部张十八员外郎/韩愈

左迁至蓝关示侄孙湘/韩愈

师说/韩愈

进学解/韩愈

杂说·四/韩愈

过山农家/顾况

滁州西涧/韦应物

逢雪宿芙蓉山主人/刘长卿

种树郭橐驼传/柳宗元

钴姆潭西小丘记/柳宗元

长恨歌/白居易

新丰折臂翁/白居易

暮江吟/白居易

乌衣巷/刘禹锡

秋词/刘禹锡
西塞山怀古/刘禹锡
天上谣/李贺
南园十三首 其五/李贺
致酒行/李贺
马诗二十三首 其四/李贺
泊秦淮/杜牧
阿房宫赋/杜牧
乐游原/李商隐
无题/李商隐
夜雨寄北/李商隐
锦瑟/李商隐
谒金门/冯延巳
更漏子/温庭筠
商山早行/温庭筠
长相思/李煜
浪淘沙/李煜
相见欢/李煜
苏幕遮/范仲淹
渔家傲/范仲淹
岳阳楼记/范仲淹
天仙子/张先
浣溪沙/晏殊
蝶恋花/欧阳修
戏答元珍/欧阳修
画眉鸟/欧阳修
醉翁亭记/欧阳修
五代史伶官传序/欧阳修
三上/欧阳修
朋党论/欧阳修
桂枝香/王安石
泊船瓜洲/王安石
明妃曲/王安石
书湖阴先生壁/王安石
读《孟尝君传》/王安石
答司马谏议书/王安石
爱莲说/周敦颐
蝶恋花/柳永
雨霖铃/柳永
八声甘州/柳永
望海湖/柳永
墨池记/曾巩

新城道中/苏轼
江城子/苏轼
念奴娇/苏轼
定风波/苏轼
水调歌头/苏轼
前赤壁赋/苏轼
日喻/苏轼
鹊桥仙/秦观
满庭芳/秦观
《精骑集》序/秦观
卜算子/李之仪
清平乐/黄庭坚
青玉棠/贺铸
兰陵王/周邦彦
如梦令(一)/李清照
如梦令(二)/李清照
一剪梅/李清照
醉花阴/李清照
声声慢/李清照
卜算子/陆游
钗头凤/陆游
游山西村/陆游
十一月四日风雨大作/陆游
跋李庄简公家书/陆游
书巢记/陆游
水龙吟/辛弃疾
菩萨蛮/辛弃疾
摸鱼儿/辛弃疾
青玉案/辛弃疾
清平乐/辛弃疾
西江月/辛弃疾
暗香/姜夔
宿新市徐公店/杨万里
小池/杨万里
石灰吟/于谦
分离/民歌
素帕/民歌
卖柑者言/刘基
童心说/李贽
湖心亭看雪/张岱
狱中上母书/夏完淳
与人书(一)/顾炎武

问说/刘开

《黄花岗七十二烈士事略》序/孙中山

秋夜/鲁迅

古诗选·别诸弟(三首)/鲁迅

蓬蓬人/鲁迅

自嘲/鲁迅

天上的街市/郭沫若

牵牛花/叶圣陶

读书与看书/林语堂

再别康桥/徐志摩

红烛/闻一多

时间/沈从文

读书乐/梁实秋

雨巷/戴望舒

背影/朱自清

七律·长征/毛泽东

沁园春·雪/毛泽东

舞会结束以后/闻捷

雪浪花/杨朔

致橡树/舒婷

祖国呵,我亲爱的祖国/舒婷

北大之精神/马寅初

在困境中更要发愤求进/华罗庚

思维科学的未来/钱学森

60. 中国名著快读 最新图文珍藏版

《中国名著快读 最新图文珍藏版》,华浊水主编,中国戏剧出版社,2004年4月。

本书介绍了《尚书》、《周易》、《史记》、《文心雕龙》、《三国演义》、《红楼梦》、《徐霞客游记》等近百部影响中国历史的名著。

尚书
周易
老子
诗经
论语
孟子
尔雅
荀子
庄子
孙子兵法
楚辞
韩非子
吕氏春秋
战国策
淮南子
史记
九章算术
汉书
抱朴子
针灸甲乙经
搜神记
陶渊明集
文心雕龙
诗品
水经注
文选
颜氏家训
齐民要术
李太白集
杜工部集
通典
历代名画记
资治通鉴
东坡集
通志
四书章句集注
文献通考
西厢记
三国演义
琵琶记
水浒
永乐大典

本草纲目
西游记
阳明全书
焚书
金瓶梅
三言二拍
徐霞客游记
牡丹亭
农政全书
天工开物
长生殿
桃花扇
红楼梦
聊斋志异
儒林外史
唐诗三百首
古文观止
四库全书总目提要
说文解字注
曾国藩家书
艺概
大同书
人间词话
清史稿
中国历史研究法
沉沦
呐喊
女神
徐志摩诗全编
子夜
骆驼祥子
雷雨
金粉世家
激流三部曲
上海屋檐下
呼兰河传
小二黑结婚
金锁记
青春之歌
红岩
傅雷家书
鹿鼎记

万历十五年　　顽主
平凡的世界　　活着
活动变人形　　长恨歌

61. 中国名著速读 图文版

《中国名著速读 图文版》,姚丽萍,颜朝辉编著,中国书籍出版社,2004年9月。

本书以在中国历史上影响深远的涉及儒、释、道、兵、史、医等领域的名著,介绍著者、主要内容,并提供阅读指导、进行作品评论等。

尚书　　考工记
黄帝内经　　左传
山海经　　尔雅
周易　　国语
道德经　　战国策
孙子兵法　　庄子
论语　　荀子
大学　　孙膑兵法
中庸　　韩非子

墨子
孟子
吕氏春秋
九章算术
淮南子
史记
汉书
后汉书
论衡
说文解字
伤寒杂病论
太平经
三国志
抱朴子
金刚经
洛阳伽蓝记
水经注
齐民要术
千字文
颜氏家训
大唐西域记
贞观政要
千金方
坛经
茶经
资治通鉴
梦溪笔谈
百家姓
三字经
容斋随笔
农桑衣食撮要
本草纲目
菜根谭
纪效新书
天工开物
农政全书
徐霞客游记
明夷待访录
日知录
曾国藩家书
海国图志
三十六计

62.百部文化名著导读(节选)

《百部文化名著导读》,叶晗主编,浙江大学出版社,2005年10月。

本书介绍了经济、哲学、文学、美学等方面的一百部中外文化名著,每篇导读的框架为作者小传、文本精粹、阅读指导、名家点评、相关文献、参考版本。

毛泽东选集/毛泽东

邓小平文选(第三卷)/邓小平

老子/李耳

论语/孔丘及其后学

孟子/孟轲

庄子/庄周及其后学

韩非子/韩非

传习录/王守仁

中国哲学简史/冯友兰

美学散步/宗白华

美学四讲/李泽厚

乡土中国/费孝通

楚辞/屈原等

陶渊明集/陶渊明

世说新语/刘义庆

李太白全集/李白

杜工部集/杜甫

李清照集/李清照

西游记/吴承恩

牡丹亭/汤显祖

红楼梦/曹雪芹

人间词话/王国维

呐喊/鲁迅

女神/郭沫若

边城/沈从文

雷雨/曹禺

围城/钱钟书
鹿鼎记/金庸
文化苦旅/余秋雨
北岛诗歌集/北岛
中国绘画通史/王伯敏
史记/司马迁
史通/刘知己
资治通鉴/司马光
中国人的精神/辜鸿铭
中国近代史/蒋廷黻
牛棚杂忆/季羡林
万历十五年/黄仁宇
士与中国文化/余英时
梦溪笔谈/沈括

63. 世界名著博览 人文社科卷（节选）

《世界名著博览 人文社科卷》，金歌主编，中国发展出版社，2006年4月。

本书共介绍名家名著近140部，展现了人文社科各领域大师孜孜不倦的探索历程、不朽的经典名作、启迪千秋的思想精髓。

道德经/老子
论语/孔子
孙子兵法/孙武
韩非子/韩非
诗品/钟嵘
文心雕龙/刘勰
人间词话/王国维
文艺心理学/朱光潜
美学散步/宗白华
美学四讲/李泽厚

美的历程/李泽厚

史通/刘知己

史记/司马迁

资治通鉴/司马光

汉书/班固

64. 世界名著博览 文学艺术卷(节选)

《世界名著博览 人文社科卷》,金歌主编,中国发展出版社,2006年4月。

本书介绍了古今中外110多位顶尖文艺大师的经典之作近160部。从中,我们可以体会到各位大师艰辛而又不平凡的人生历程,品读一部部绝世华章,领略各具特色的语言魅力、思想精髓。

楚辞/屈原

陶渊明集/陶渊明

王右丞/王维

李太白集/李白

杜工部集/杜甫

白氏长庆集/白居易

李义文山集/李商隐

苏东坡集/苏轼

漱玉词/李清照

剑南诗稿/陆游

稼轩长短句/辛弃疾

徐志摩诗全集/徐志摩

女神/郭沫若

繁星/冰心

春水/冰心

水浒传/施耐庵

三国演义/罗贯中
西游记/吴承恩
三言/冯梦龙
聊斋志异/蒲松龄
红楼梦/曹雪芹
呐喊/鲁迅
彷徨/鲁迅
朝花夕拾/鲁迅
野草/鲁迅
华盖集/鲁迅
二心集/鲁迅
子夜/茅盾
骆驼祥子/老舍
四世同堂/老舍
茶馆/老舍
家/巴金
春/巴金
秋/巴金
围城/钱钟书
左传/左丘明
庄子/庄子
孟子/孟子
昌黎先生集/韩愈
河东先生集/柳宗元
欧阳文忠公集/欧阳修
临川先生文集/王安石
知堂文集/周作人
背影/朱自清
踪迹/朱自清
雅舍小品/梁实秋
窦娥冤/关汉卿
西厢记/王实甫
雷雨/曹禺
日出/曹禺

65.经典常读

代表中国传统文化精神的三十本书

《经典常读 代表中国传统文化精神的三十本书》,庞朴、刘泽华主编,广西师范大学出版社,2006年12月。

本书从古代典籍的海洋中搜集最能代表中国文化精神的三十本书,请专家学者生动描述经典原貌和思想精华,尽力使本书成为现代人进入中国古代典籍殿堂的必备入门书。

老子	楚辞
庄子	山海经
论语	黄帝内经
孟子	史记
尚书	抱朴子
周易	齐民要术
韩非子	世说新语
孙子兵法	坛经
左传	李太白集
战国策	杜工部集
诗经	苏东坡集

四书集注
梦溪笔谈
五灯会元
三国演义
水浒传
焚书
阳明全书
红楼梦

66. 书香上海 人气编辑眼中的百种好书（节选）

《书香上海 人气编辑眼中的百种好书》，彭卫国，庄智象主编，2018年8月。

本书精选2015-2018年“书香上海-沪上优秀青年编辑新年荐书活动”中的百篇佳作，推荐图书为上海各出版社的精品图书，包括人文社科、文学、艺术、少儿、科普五个类别，旨在助力营造全民阅读的良好氛围，促进上海优秀出版物的宣传推广。

人文社科
德政之要——《资治通鉴》中的智慧/姜鹏著，上海人民出版社
五百年来王阳明/郦波著，上海人民出版社
葛剑雄写史：中国历史的十九个片断/葛剑雄著，上海人民出版社

中国传奇：浦东开发史/谢国平著，上海人民出版社

宋人轶事汇编/周勋初主编，葛渭君、王华宝、周子来编，上海古籍出版社

碑帖鉴定概论/仲威著，上海古籍出版社

古籍导读/屈万里著，上海辞书出版社

中国（上海）自由贸易试验区海外人才离岸创新创业政策指引（2016版）/杨建荣、冯伟主编，上海科学普及出版社

职场尤里卡/科学家种太阳著，上海教育出版社

唐宋御宴/王明军著，学林出版社

历史有魏道/魏新著，上海文化出版社

图说中华文化故事·战国成语与秦文化/周功鑫主编，上海文艺出版社

英国说明书/阿健大叔著，上海科学技术出版社

横四海兮焉穷——藏彝走廊民族学田野考察日志/李星星著，上海故事会文化传媒有限公司

快到姐姐碗里来——宅女相亲实用手册/夏颖、张喻著，Leaf、杨孩寅绘，上海社会科学院出版社

汉字的魔方：中国古典诗歌语言学札记/葛兆光著，上海复旦大学出版社

从大数据到智能制造/李杰、倪军、王安正著，上海交通大学出版社

斯坦福日记/许铁著，上海交通大学出版社

大国方略——走向世界之路/顾骏主编，上海大学出版社

创新路上大工匠/顾骏著，上海大学出版社

文学

屡次想起的人/沈大成著，上海文艺出版社

吃透人生，慢慢来/冯淑华著，上海文化出版社

中华传统节日诗词故事/陆襄主编，上海远东出版社

惜别/止庵著，上海人民出版社

既见君子:过去时代的诗与人/张定浩著，华东师范大学出版社

空巢/薛忆沩著，华东师范大学出版社

在日本/毛丹青著，华东理工大学出版社

艺术

中国书法简论(插图本)/潘仲武、潘伯鹰、柴敏著，上海辞书出版社

上海字记/姜庆共、刘瑞樱著，上海人民美术出版社

吴湖帆书画鉴藏特集/上海博物馆编 ，上海书画出版社

艺海扬帆/孙敏著，上海书画出版社

朱践耳创作回忆录/朱践耳著，上海音乐出版社

传承与创新——3D全景声京剧电影《霸王别姬》评论集/单跃进著，上海音乐出版社

青铜国/徐晓璇著，上海科技教育出版社

上海城乡规划百题集/上海市城市规划行业协会编著，上海科学技术出版社

康乾盛世“苏州版”/高福民著，上海锦绣文章出版社

幻园第二辑：借天工/曾仁臻著，同济大学出版社

上海外滩建筑地图/乔争月、张雪飞著，同济大学出版社

少儿读物

舌尖上的幸福：妈妈美食秘籍/吕玫著，上海人民出版社

有思想的鸡，快乐的蛋——实战型老师成功教学手记/董丽楠著，上海人民出版社

师道匠心/上海市特级教师联谊会著，上海教育出版社

燕子姐姐讲故事/陈燕华朗诵、编著，上海音乐出版社

做真正的我：一本让你认识自己天赋才能的工具书/吴建国、(美)查大伟著，上海远东出版社

陪孩子画唐诗/刘雨菡著，李怀殊绘，华东师范大学出版社

曾国藩教子十法/郦波著，复旦大学出版社

小荞，吃饭啦——营养师妈妈育儿手记/王佳蕾、姜涛著

科普

科学中的艺术美——螺旋美的启示/姚世煌著，上海科学普及出版社

燕子医生漫画笔记——心脏检查/陈海燕著，上海科学普及出版社

活到100岁——名医谈疾病/上海人民广播电台《活到100岁》栏目组编,上海科学技术出版社

67.家庭书目(节选)

《家庭书目》,亮轩编,发表在1976年1月台湾《书评书目》上。

编者希望通过这个书目,作为家庭读书与藏书的参考,并能够"冷却一部分的电视机跟麻将牌"。编者称,这不是一张标准书单,只有每个人自己为自己定,而且随时修正,才可能有所谓的"标准书单"。原书目收录图书94种,因一些书未标明著者或出版者,我们从中选录了60种。

史记/司马迁

左传/左丘明

战国策/刘向

世说新语/刘义庆

古文观止/吴楚材,吴调侯

庄子读本

老子读本

荀子读本

四书读本

饮冰室文集/梁启超

三字经/王应麟

千字文/(南朝梁)周兴嗣

唐诗三百首/孙洙

曾文正公家书/曾国藩

经典常谈/朱自清

孔子与论语/钱穆

中国文化丛谈/钱穆

三民主义/孙中山

浮生六记/沈复
胡适文存/胡适
西潮/蒋梦麟
开放的人生/王鼎钧
白玉苦瓜(诗集)/余光中
闲情偶记/李渔
生活的艺术/林语堂
红楼梦/曹雪芹
水浒传/施耐庵
三国演义/罗贯中
西游记/吴承恩
儒林外史/吴敬梓
老残游记/刘鹗
雅舍小品/梁实秋
三更有梦书当枕/琦君
文艺心理学/朱光潜
朱自清散文集
徐志摩全集/梁实秋编
张爱玲短篇小说集
焚鹤人/余光中
科学史图说/陈国成编

68.床头必备300中外名著热门书概览（节选）

《床头必备300中外名著热门书概览》，石志河编著，华语教学出版社，1994年8月。

此书不同于一般的"文学名著"导读，选择的书目范围极广，包括文、史、哲、传记及生活等方面的书都有选入。全书共分十一篇，分别是"蒙正篇"、"智慧篇"、"朦胧篇"、"修养篇"、"成才篇"、"情爱篇"、"思想篇"、"鉴戒篇"、"不厌篇"、"诗词篇"、"传记篇"。

各篇体例为书名(附版本)、内容提要、作者简介和随笔。

蒙正篇

毛泽东同志的青少年时代/“新湘评沦”编辑部编写,中国青年出版社1979年10月第1版

青年毛泽东/高菊村等著,中共党史资料出版社1990年3月第1版

唐诗三百首/蘅塘退士编选,陈婉俊注,中华书局1959年9月新1版

革命烈士诗抄/萧三编,中国青年出版社1959年3月第1版:1962年增订版;1979年修订版

雷锋的故事/崔家骏,解放军文艺出版社1987年8月第一版

通俗哲学/韩树英主编,中国青年出版社1982年1月第1版

我的一家/陶承著,人民文学出版社1978年12月新1版

高玉宝/高玉宝著,人民文学出版社1958年9月第1版

新中国的一日/刘尊棋主编,华夏出版社1989年1月第1版

傅雷家书/傅雷,三联书店1984年5月第2版

创业史/柳青著,第一部,中国青年出版社1960年6月第1版;第二部上、下卷,陕西人民出版社1977年9月第1版

鲁迅全集/鲁迅著,《鲁迅全集》20卷本,1938年6月上海出版,鲁迅全集出版社出版,1973年6月人民文学出版社重版;《鲁迅全

集》十卷本，1956年7月文学出版社出版

西游记/吴承恩著，人民文学出版社1980年5月第2版，上、中、下三册

中国思想史/张岂之主编，西北大学出版社1989年6月第1版

智慧篇

“有的放矢”及其他/艾思奇著，三联书店1978年9月新1版

增强记忆力的奥妙/王维著，新世纪出版社1987年8月第1版

出人头地的自我表现法/陈秀娟著，团结出版社1988年11月第1版

证券交易指南/张益民、陈国明著，中国大百科全书出版社上海分社1991年5月第1版

三十六计新编/李炳彦编，战士出版社1981年8月第1版

读报的学问/贺越明著，人民日报出版社1987年4月第1版

柏杨妙语/柏杨著，作家出版社1986年5月第1版

十一家注孙子/(春秋)孙武撰，(三国)曹操等注，郭化若今译，上海古籍出版社1978年4月第1版

朦胧篇(一)

前汉故事新编/林汉达编著，中华书局1978年5月第1版

朦胧篇(二)

人啊，人/戴厚英著，花城出版社1980年11月第1版

中国意识的危机/林毓生著，贵州人民出版社1988年1月第1

版

射雕英雄传(四册)/金庸著,吉林人民出版社1984年11月第1版

罗兰小语/罗兰著,海天出版社1988年7月第1版

吾国与吾民/林语堂著,宝文堂书店1988年12月第1版

红高粱家族/莫言著,解放军文艺出版社1987年5月第1版

血色黄昏/老鬼著,工人出版社1987年6月第1版

庭院深深/琼瑶著,华文出版社1987年1月第1版

人间的爱/苏伟贞编,花城出版社1989年4月第1版

班主任/刘心武著,中国青年出版社1979年6月第1版

历史,在北平拐弯/王宗仁著,解放军出版社1989年8月第1版

山坳上的中国/何博传著,贵州人民出版社1989年3月第1版

第四代人/张永杰著,东方出版社1988年8月第1版

第五代导演/花军著,民族出版社1988年12月第1版

当代中国朦胧诗选/南开大学出版社编,南开大学出版社1989年3月第1版

今古奇观(上、下)/抱翁老人辑,顾学颉校注,人民文学出版社1957年12月第1版

三言两拍/冯梦龙、凌濛初编著,岳麓书社1988年版

修养篇(一)

陈毅早年的回忆和文稿/陈昊苏等整理,四川人民出版社

1981年3月第1版

把一切献给党/吴运铎著,工人出版社1953年初版,后多次再版

红岩/罗广斌、杨益言著,中国青年出版社1963年7月第2版

高山下的花环/李存葆著,北京出版社1983年1月第1版

太阳照在桑干河上/丁玲著,人民文学出版社1955年10月第2版

四世同堂/老舍著,百花文艺出版社1985年10月第1版

八十年来/黄炎培著,文史资料出版社1982年8月第1版

楚辞选/马茂元选注,人民文学出版社1958年4月第1版;另有金开灭选注,北京出版社1980年5月第1版

美学散步/宗白华著,上海人民出版社1981年5月第1版

美学与意境/宗白华著,上海人民出版社1987年4月第1版

茅盾评论文集(上、下)/茅盾著,人民文学出版社1978年11月第1版

椿园载记/罗章龙著,东方出版社1989年6月第1版

青春万岁/王蒙著,人民文学出版社1979年5月第1版

彭德怀自述/彭德怀著,人民出版社1981年12月第1版

生活在英雄们中间/巴金著,上海文艺出版社1979年3月第2版

林海雪原/曲波著,人民文学出版社1964年9月第3版

烈火金钢/刘流著,中国青年出版社1963年12月第2版

中国人民解放军将帅录/众编,解放军出版社1987年7月第1版

将军三部曲/郭小川著，人民文学出版社1978年10月第1版

海外青年拾零/穆宪等编，人民邮电出版社1989年1月第1版

修养篇(二)

一个哲学家的道路——回忆艾思奇同志/王丹一、吴黎平等著，云南人民出版社1981年3月第1版

说文解字/许慎撰，中国书店1989年1月第1版

说文解字注/段玉裁

红旗谱/梁斌著，中国青年出版社1957年12月第1版

暴风骤雨/周立波著，人民文学出版社1956年8月第2版

新编注音千家姓/曹玉林等编，辽宁人民出版社1983年4月第1版

民俗通书万年历/海南人民出版社编，海南人民出版社1989年10月第2版

成才篇

哥德巴赫猜想/徐迟著，人民文学出版社1978年4月北京第1版

足迹/北京语言学院出版社编，北京语言学院出版社1989年5月第1版

爱迪生/黎金编写，上海少年儿童出版社1978年8月第1版

学者论学/北京师范大学出版社编，北京师范大学出版社1981年6月第1版

治学集/上海人民出版社编，上海人民出版社1986年6月第1版

我的第一个作品/浙江人民出版社编，浙江人民出版社1984年10月第1版

邓朴方和他的伙伴们/胡平、张胜友著，光明日报出版社1986年8月第1版

台湾名人剪影/丁闻著，团结出版社1989年1月第1版

儒林外史/吴敬梓著，人民文学出版社1958年11月北京第1版

孙中山传/尚明轩著，北京出版社1981年9月第2版

李苦禅传/李苦禅著，作家出版社1987年5月第1版

名画家论/中国大百科全书出版社1988年12月第1版

孔子评传/匡亚明著，齐鲁书社1985年3月第1版

中国现代作家谈创作经验（上、下）/山东师范学院中文系编，山东人民出版社1980年8月第1版

吴玉章回忆录/吴玉章著，中国青年出版社1978年11月第1版

情爱篇

老革命家的恋爱·婚姻和家庭生活/工人出版社编，工人出版社1985年3月第1版

思想篇

白话史记（上、下）/龙宇纯等著，岳麓书社1987年3月第1版

资治通鉴（全20册）/（北宋）司马光撰，（元）胡三省音注，中华书局1956年6月第1版

武经七书注译/"中国军事史"编写组注译，解放军出版社

1986年8月第1版

何新集/何新著,黑龙江教育出版社1988年8月第1版

周易概论/刘大钧著,齐鲁书社1986年5月第1版

老子校读/张松如著,吉林人民出版社1981年5月第1版

庄子今注今译/陈鼓应注译,中华书局1983年5月第1版

中国官僚政治研究/王亚南著,中国社会科学出版社1981年6月第1版

鉴戒篇

中国封建蒙学文化评述

——附:增广贤文、三字经、朱子治家格言/吴惕千著,陕西人民出版社1989年5月第2版

官场现形记/李宝嘉著,人民文学出版社1957年6月第1版

厚黑学/李宗吾著,求实出版社1989年1月第1版

人口问题资料/商务印书馆编辑部编,商务印书馆1960年5月初版

不厌篇(一)

红楼梦/曹雪芹著,人民文学出版社1982年3月第1版

三国演义/罗贯中著,人民文学出版社出版1973年12月第3版

水浒传/施耐庵、罗贯中著,人民文学出版社1975年10月北京第1版

关汉卿戏曲故事集/关汉卿著,宝文堂书店1983年9月第一版

不厌篇(二)

当代中年作家散文选/袁鹰主编,人民日报出版社出版,1986年10月第1版

十年散文诗选/李耕、秦梦莺编,作家出版社1987年12月第1版

三千里江山/杨朔著,人民文学出版社1960年7月第3版

十年散文选/吴泰昌编,作家出版社1986年12月第1版

围城/钱钟书著,人民文学出版社1980年10月北京第1版

聊斋志异/蒲松龄著,齐鲁书社1981年9月第1版;另有岳麓书社1984年10月版

诗词篇

毛泽东诗词选/毛泽东著,人民文学出版社1986年12月第1版

诗经选译/赵浩如选译,上海古籍出版社1980年2月第1版

三曹诗选/曹操、曹丕、曹植著,人民文学出版社1979年10月第2版

尝试集/胡适著,人民文学出版社1984年2月第1版

宋词选/胡云翼选注,上海古籍出版社1978年3月新1版

徐志摩诗全编/徐志摩,浙江文艺出版社1987年6月第1版

将帅诗词选/《将帅诗词选》编委会编,辽宁人民出版社1987年7月第1版

诗词格律/王力著,中华书局1977年12月第2版

放歌集/贺敬之著,人民文学出版社1961年初版,1972年9月

第2版

传记篇

我的前半生/溥仪著，群众出版社1964年3月第1版

宋美龄写真/文之著，华文出版社1988年2月第1版

旧上海的帮会/政协上海市委文史资料工作委员会编，上海人民出版社1986年8月第1版

唐山大地震/钱钢著，解放军文艺出版社1986年8月第1版

周作人年谱/张菊香著，南开大学出版社1985年9月第1版，张菊香主编；另有《知堂回忆录》湖南人民出版社1982年1月第1版

盗世奸雄——希特勒/解力夫著，世界知识出版社1985年4月第1版

贺子珍的路/王行娟著，作家出版社1985年12月第1版

我的回忆（共三册）/张国焘著，现代史料编刊社1989年3月第1版

一个女人的自传/杨步伟著，岳麓书社1987年8月第1版

八十三天皇帝梦/文史资料出版社编，文史资料出版社1983年12月第1版

名僧录/中国文史出版社编，中国文史出版社1988年11月第1版

康生评传/仲侃著，红旗出版社1982年8月第1版

69. 中国家庭适读书(节选)

《中国家庭适读书》,吴永贵、徐丽芳编著,宁波出版社,2000年10月。

本书分经典书架、女性书系、文化生活书系、实用生活书系、工具书五大类,为普通家庭推荐了200种图书,并撰写了提要。

传统儒家经典:

十三经/中华书局1987年版,《十三经注疏(附校勘记)》本

尚书/(战国)作者不详,《十三经注疏》本,中华书局1987年版

仪礼/(战国)作者不详,《十三经注疏》本,中华书局1987年版

礼记/(西汉)戴圣,《十三经注疏》本,中华书局1987年版

春秋公羊传/(战国)作者不详,《十三经注疏》本,中华书局1987年版

孝经/(战国)作者不详,《十三经注疏》本,中华书局1987年版

春秋繁露/(西汉)董仲舒,中华书局1975年排印本

二程全书/(北宋)程颢、程颐,《二程集》,中华书局1982年

朱子大全/(南宋)朱熹,《四部备要》,中华书局1936年版

象山先生全集/(南宋)陆九渊,《陆九渊集》勘校本,中华书局1980年版

日知录/(明末清初)顾炎武,黄汝成《日知录集释》,上海古籍出版社1985年版

(选读书目):

孟子正义/(清)焦循撰

荀子集解/(清)王先谦撰

晏子春秋/(春秋)晏婴著

新论/(东汉)桓谭著

白虎通义/(东汉)班固编撰

潜夫论/(东汉)王符著

申鉴/(东汉)荀悦著

孔子家语/孔子门人撰

孔丛子/孔鲋撰

原道/(唐)韩愈著

复性书/(唐)李翱著

太极图说/(北宋)周敦颐著

通书/(北宋)周敦颐著

正蒙/(北宋)张魏著

伊洛渊源录/(南宋)朱熹著

近思录/(南宋)朱熹、吕祖谦撰

四书集注/(南宋)朱熹著

传习录/(明)王守仁著

大学问/(明)王守仁著

明夷待访录/(清)黄宗羲著

船山遗书/(清)王夫之著

张子正蒙注/(清)王夫之著

新学伪经考/(清)康有为著

孔子改制考/(清)康有为著

仁学/(清)谭嗣同著

劝学篇/(清)张之洞著

中国史部要籍:

二十四史/中华书局点校本

汉书/(东汉)班固,中华书局1962年点校本

后汉书/(南朝宋)范晔,中华书局1959年点校本

三国志/(西晋)陈寿,中华书局1959年点校本

文献通考/(元)马端临,中华书局1986年版

宋元学案/(清)黄宗羲、全祖望等,中华书局1986年点校本

读通鉴论/(清)王夫之,中华书局1975年版

古今图书集成/(清)陈梦雷、蒋廷锡,巴蜀书社、中华书局1988年影印本

十七史商榷/(清)王鸣胜,商务印书馆1959年版

续资治通鉴/(清)毕沅,中华书局1957年点校本

(选读书目):

国语/（春秋）左丘明著

战国策/作者不详

竹书纪年/作者不详

列女传/（西汉）刘向著

前汉记/（东汉）荀悦著

后汉纪/（东晋）袁宏著

华阳国志/（东晋）常璩著

吴越春秋/（后汉）赵晔著

高僧传/（南朝·梁）释慧皎撰

史通/（唐）刘知几著

贞观政要/（唐）吴兢著

通志/（南宋）郑樵著

蒙古秘史/作者不详

宋史纪事本末/（明）陈邦瞻撰

印人传/（清）周亮工著

朱子年谱/（清）王懋竑编

鲒埼亭集/（清）全祖望著

考信录/（清）崔述著

畴人传/（清）阮元等撰

清史稿/赵尔巽等撰

西南彝志/作者不详

二十五史补编/开明书店编

诸子百家集成：

新编诸子集成/中华书局点校本

墨子/(战国)墨翟，孙诒让《墨子闲诂》点校本，中华书局1986年版

列子/(战国)列子，中华书局《诸子集成》本

商君书/(战国)商鞅，孔礼鸿《商君书锥指》，中华书局1986年版

新语/(西汉)陆贾，王利器《新语校注》本，中华书局1986年版

淮南子/(西汉)刘安，刘文典《淮南鸿烈集解》点校本，中华书局1989年版

管子/(春秋)管仲，郭沫若、许维通《管子集校》，科学出版社1956年版

吴子/(战国)吴起，商务印书馆《丛书集成初稿》本

吕氏春秋/(战国)吕不韦，陈琦猷《吕氏春秋校释》，上海学林出版社1984年版

(选读书目)：

墨子校注/吴毓江校注

关尹子/(战国)关尹子著

无能子/(唐)作者不详

胎息经/作者不详

阴文鹭/作者不详

亢仓子/作者不详

道德经解/顾锡畴著

庄子集释/(清)郭庆藩著

韩非子集释/(清)王先谦著

孙膑兵法/(战国)孙膑著

尉缭子/(战国)尉缭著

六韬/作者不详

三略/作者不详

三十六计/作者不详

公孙龙子/(战国)公孙龙著

鬼谷子/(战国)鬼谷著

尸子/(战国)尸佼著

尹文子/(战国)尹文著

齐民要术/(战国)贾思勰著

农政全书/(明)徐光启著

茶经/(唐)陆羽撰

黄帝内经/作者不详

千金要方/(唐)孙思邈著

中国文学名著:

全上古三代秦汉三国六朝文/(清)严可均,中华书局1987年

版

文选/（梁）萧统编，（唐）李善注，中华书局1990年版

全唐诗/（清）彭定求等编，中华书局1990年版

全宋词/唐圭璋编，中华书局1980年版

唐宋八大家全集/国际文化出版公司1997年版

中国十大古典悲剧集/王季思主编，上海文艺出版社1982年版

中国十大古典喜剧集/王季思主编，上海文艺出版社1982年版

中国十大古典悲喜剧集/郭汉城主编，上海文艺出版社1989年版

古文辞类纂/（清）姚鼐选辑，岳麓书社1988年版

中国古典小说名著丛书/上海古籍出版社1998年版

（选读书目）：

乐府诗集/（宋）郭茂倩编著

陶渊明集/（东晋）陶渊明著

曹子建集/（三国·魏）曹植著

全汉三国晋南北朝诗/丁福保编

世说新语/（南朝·宋）刘义庆编著

全唐诗外编/王重民选辑

全唐文/（清）董浩等编

李太白集/(唐)李白著

杜工部集/(唐)杜甫著

白居易集/(唐)白居易著

古诗源/(清)沈德潜选辑

唐五代词/林大椿辑

陆放翁全集/(南宋)陆游著

文山先生全集/(南宋)文天祥著

辽文汇/陈述辑

六十种曲/(明)毛晋编

明诗综/(清)朱彝尊选辑

明世宗/(清)王昶选辑

明文海/(清)黄宗羲选辑

金瓶梅/(明)兰陵笑笑生著

亭林诗文集/(明末清初)顾炎武著

清名家词/陈乃乾编

龚自珍全集/(清)龚自珍著

历代诗话/何文焕编

笔记小说大观/本书编写组

古本小说集成/本书编写组

中国世纪读本:

王国维文集/王国维,中国文史出版社1997年版

饮冰室合集/梁启超，中华书局1989年影印本

鲁迅全集/鲁迅，人民文学出版社1981年版

蔡元培全集/蔡元培，浙江教育出版社1998年版

读秀文存/陈独秀，安徽人民出版社1987年版

胡适文集/胡适，北京大学出版社1998年版

徐志摩全集/徐志摩，广西民族出版社1991年版

中国新文学大系/赵家璧编，上海良友图书公司出版，上海文艺出版社1981年影印本

老舍文集/老舍，人民文学出版社1980~1991年版

三松堂全集/冯友兰，河南人民出版社1994年版

朱光潜全集/朱光潜，安徽教育出版社1987~1992年版

巴金全集/巴金，人民文学出版社1986~1993年版

当代新儒学八大家集/黄克剑、林少敏等编，群言出版社1993年版

（选读书目）：

中国新文学大系/第二辑，第三辑，第四辑，上海文艺出版社1984~1997年版

陶行知全集/陶行知

林语堂名著全集/林语堂

郑振铎文集/郑振铎

唐弢文集/唐弢

田汉文集/田汉

孙犁文集/孙犁

郭沫若全集/郭沫若

茅盾全集/茅盾

朱自清全集/朱自清

闻一多全集/闻一多

韬奋全集/邹韬奋

俞平伯全集/俞平伯

宗白华全集/宗白华

胡风全集/胡风

齐白石全集/齐白石

李四光全集/李四光

章太炎全集/章太炎

严复集/严复

张岱年文集/张岱年

汪曾祺全集/汪曾祺

沈从文文集/沈从文

赵树理文集/赵树理

闻一多全集/闻一多

郁达夫文集/郁达夫

周作人散文/周作人

和风堂文集/柳存仁

中外宗教典籍:(仅摘录中国部分)

太平经/王明《太平经合校》,中华书局1960年

抱朴子/(东晋)葛洪,中华书局1982年,王明注《抱朴子内篇校释》

(选读书目):

不真空论/(后秦)僧肇著

物不迁论/(后秦)僧肇著

弘明集/(南朝梁)僧祐著

女性文学:

李清照集(3卷)/(宋)李清照著,人民文学出版社1979年校注本

冰心文集/冰心著,卓如编选,上海文艺出版社1982~1986年版

丁玲/丁玲著,人民文学出版社1987年版

张爱玲文集(4卷)/张爱玲著,金宏达、于青编,安徽文艺出版社1996年版

海峡两岸女性散文精品文库(10册)/冰心、斯妤主编,北京师范大学出版社1993年版

(选读书目):

萧红文集(3卷)/萧红

凌叔华温存(上、下)/凌叔华

苏青文集/苏青

林徽因文集/林徽因

陈香梅文集/陈香梅

青春之歌/杨沫

杨绛作品集(上、中、下)/杨绛

王安忆自选集(6集)/王安忆

毕淑敏文集/毕淑敏

舒婷文集/舒婷

陈染作品集/陈染

铁凝文集/铁凝

绿天/苏雪林著

林海音文集(5册)/林海音

李碧华小说集(8种)/李碧华

张晓风散文/张晓风

人在欧洲/龙应台

琼瑶全集(1~51)/琼瑶

三毛作品集(1~18)/三毛

亦舒作品系列/亦舒

七里香/席慕容

翡翠的心:琦君散文精选/琦君著

张曼娟作品系列/张曼娟

吴淡如作品系列(4册)/吴淡如

获台湾文学大奖女作家书(5种)/四川文艺出版社

《心箭》丛书——女作家私语(7册)/陕西师范大学出版社

女子传记:

宋庆龄传/刘家泉著,中国文联出版公司1998年版

(选读书目):

秋瑾/叶文玲

苏青传/王一心

林徽因传/林杉

何香凝传/尚明轩

春秋岁月——陈香梅自传/陈香梅

我的一个世纪/董竹君

休恋逝水——顾正秋回忆录/顾正秋

最后的闺秀/张允和

火凤凰——秦德君和她的一个世纪/秦德君,刘淮

林家次女/林太乙

吴健雄:物理科学的第一夫人/江才健

生命的追问/张海迪

本色陈冲/严歌苓

激情岁月——郎平自传/郎平,陆星儿

凭海临风/杨澜

服饰美容:

"形象设计跟我学"丛书/杨青青编写,湖南科技出版社1999年版

"红袖坊系列"丛书/中国纺织大学出版社1999年版

中国历代妇女装饰/周汛、高春明著,学林出版社、三联书店(香港)有限公司1988年版

把服装看了/王新元、祁林著,中国纺织出版社1999年版

(选读书目):

流行新世纪/卢淑芳

名家看服饰丛书/中国纺织大学出版社

美容护肤化妆1000问/贺振泉主编

新女性美丽丛书/金琦编

全方位美容手册/李晓霏

星座发型DIY/严玉凤,陈雅雯

闻香一缕识女人/天舒

秀出你的美丽与气质/黄丽穗

霓裳情苑/中国纺织大学出版社

瑞丽可爱先锋/中国轻工业出版社

东方旗袍(续)/中国民族摄影美术出版社

职业妇女穿扮手册/陈方

装饰之道/李砚秋

100%装扮情报/江佩贞

老年自我装扮/朱建华

名女人美容服饰秘诀/戈军

婚姻家庭：

世纪之交的中国人的爱情和婚姻/中国社会科学出版社1997年版

婚恋生活的自我调适/庞玉珍、蒲越著，北方妇女儿童出版社1997年版

（选读书目）：

中国当代性文化——中国两万例性文明调查报告/刘达临

中国女性的感情与性/李银河

中国的男人和女人/易中天

中国婚姻性爱史稿/戴伟

婚姻家庭/佟丽华，喜佳

离合悲欢：婚姻纠纷实例精选/立行主编

中国婚姻：婚俗、婚礼与婚律/王洁卿著

婚姻·家庭·继承法律知识手册/陶毅主编

婚姻家庭中的困惑/薇薇夫人著

家训家书：

颜氏家训/（南北朝）颜之推，王利器《颜氏家训集解》，上海古籍出版社1980年版

家范/（宋）司马光，《四库全书》本中华书局1934年

袁氏世范/(宋)袁采,中华书局《丛书集成初编》本

郑氏规范/(元)郑文融,中华书局《丛书集成初编》本

女四书/(明)王相辑

曾国藩家书/(清)曾国藩,中国华侨出版社1994年版

傅雷家书/傅雷,生活·读书·新知三联书店1998年版

(选读书目):

戒子通录/(南宋)刘清之撰

女儿经/作者不详

闺门女儿经/作者不详

朱子家训/(清)朱用纯撰

左宗棠家书/(清)左宗棠著

子女教育:

儿童教育忧思录/孙云晓著,辽宁人民出版社1997年版

忠魁智教——成功父母方案(8册)/吴忠魁主编,北方妇女儿童出版社1998年版

武汉大学0~7岁小太阳教育方案/周运清、万小艳主编,河南人民出版社1991年版

中国独生子女教育百科/林崇德主编,浙江人民出版社1999年版

(选读书目):

安全的童年——让孩子远离危机/郭静晃

亲子丛书系列/漓江出版社

亲子100科学游戏/陈忠照

改变孩子的坏习惯/董媛卿

做孩子的心理医生/游乾桂

如何培养青春期的女儿/明子

走进网络时代的孩子/严峰,卜卫

青少年成长急需解决的16个问题/赵丰

青苹果丛书/新华出版社

望子成龙有秘诀/肖陆

教育子女的艺术/符策震

名人教子的故事/苏颂

影响子女一生的一句话:台湾成功人士的教子之方/陈艾尼主编

“笨爸系列”丛书/金木等

文化娱乐:

中国书法艺术/刘炳森主编,中国人民大学出版社1997年版

中国书画名家精品大典(4卷)/朱伯雄、曹成章主编,浙江教育出版社1997年版

世界绘画邮票鉴赏大图典/薛大德编著,广西师范大学出版社1997年版

爱乐CD经典/梁一群、贺秋帆编,浙江人民出版社1999年版

中国京剧艺术/张庚、余从主编,京华出版社1997年版

音乐剧之旅/周小川、肖梦等著,新世界出版社1998年版

VCD藏碟宝典/安吉主编,漓江出版社1999年版

古董鉴赏收藏丛书(10册)/刘如仲主编,吉林科学技术出版社

收藏投资大观/朱勇坤等编著,上海人民出版社1998年版

中国珍稀古钱币/周祥编,三秦出版社1996年版

(选读书目):

家庭文化生活/刘国昌

家庭休闲娱乐新时尚/孙凤萍

中国折纸大全/杨达三主编

艺术与娱乐/西苑出版社

艺术人文七小时/寒哲等

音乐圣经/华厦出版社

唱片里的世界/陈立

辛丰年音乐笔记/辛丰年

丰子恺艺术随笔/丰子恺

梓室余墨/陈从周

朱德庸都市休闲漫话系列(13册)/朱德庸

家庭摄影大全/上海科技出版社

中国现代陶瓷艺术(5卷)/江西美术出版社

中外历代家具风格/何镇强,张石红

90年代世界流行影片/李小刚等

电影环球世界电影读本/刘高和等

集邮传真/郭润康著

徽章及其收藏/李焱胜著

古玩史话及鉴赏/陈重远

瓷砚赏析/游志峰编著

尘埃历尽——中国珍贵文物蒙难纪实/流泉等

中国当代藏石名家名品大典/中国收藏家协会

中国实用集藏大全/杨宗、聂嘉恩

节趣/盖国梁

名车大世界/徐晋林编

闲情读物：

菜根谭/(明)洪应明著，梅伯春注释，中国和平出版社1988年版

幽梦影/(明)张潮著，许福明校注，黄山书社1991年版

闲书四种/宋凝编著，湖北人民出版社1995年版

名士雅品小集/本社选编，东方出版社1996年版

生活的艺术/林语堂著，越裔汉译，东北师范大学出版社1994年版

梁实秋美文精粹/梁实秋著，中国文联出版公司1993年版

(选读书目)：

袁中郎随笔/(明)袁宏道

陶庵梦忆·西湖梦寻/(明)张岱

闲情偶寄/（清）李渔

西湖/蒋梦麟

闲书/郁达夫

缘缘堂随笔/丰子恺

林清玄菩提系列/林清玄

闲话闲说——中国世俗与中国小说/阿城

罗兰小语/罗兰

现代闲情小平/童仁编

小品精华系列丛书/湖北辞书出版社

卫生保健：

新世纪生活译丛/新华出版社1998年版

家庭实用医学大典/栾文民主编，中国青年出版社1997年版

中华养生宝典（上、下）/张明德主编，中国青年出版社1998年版

中西医美容与保健/刘巧编，中国轻工业出版社1996年版

家庭实用药膳小全书/王光熙、戚文英主编，河南科学技术出版社1996年版

实用老年医学小百科/黄树则、文碧珍主编，广西科学技术出版社1994年版

（选读书目）：

家庭医疗图典/倪泰一等

读懂你的化验单——健康保健手册/学苑出版社

非处方用药/汪宗俊

家庭实用妇幼保健手册/张肖敏

育儿百科——婴幼儿保健/何文佑

四季养生要诀/张湖德

中老年保健/中国人民解放军保健领导小组办公室编

饮食·药物·疾病禁忌指南/陈抗美,高晓兰

“中医与食疗”丛书/解放军出版社

腰腿好轻松/施东宇

手部按摩疗法/苏德华

免吃药健身法/何权峰

“大众饮食疗法”丛书/轻工业出版社

健康新概念系列丛书/安徽科技出版社

家政理财:

中国盆景——佳作欣赏与技艺/《中国盆景》编辑委员会编,安徽科技出版社1988年版

中国南北名菜谱/中国人民解放军空军后勤部军需部编,金盾出版社1995年版

家庭自制冷饮300例/胡增颐等编著,金盾出版社1997年版

空间EQ系列丛书(共4册)/杜台安编著,中国轻工出版社1999年版

中国家庭理财手册/王见华等主编,新华出版社1999年版

“轻轻松松学炒股”系列漫画丛书/吴晓求主编，崔勇执笔，华夏出版社1999年版

（选读书目）：

中国古典食谱/刘大器

当代家庭菜谱/申建甘

微波食谱/陈琦

百变靓汤/饶原生

家居装修10元丛书/中国水利水电出版社

家庭花卉栽培/上海科技出版社

馈赠鲜花实用知识/安徽科技出版社

有花有草/贺永清

纸趣布艺/建业编著

现代家庭家政方略/张华等

当代家庭生活技巧/申建等

何嫂百事通/姜红艳主编

怎样用好信用卡/曹翔

股民必读（修订版）/李清明

理性投机——顾中曙操盘心得/顾中曙

置业兵法：个人购买商品房的操作艺术/孙弘主编

体育旅游：

中国围棋/刘承善主编，四川科学出版社、四川蜀蓉棋艺出版

社1985年版

象棋指要/谢侠逊，上海文化出版社1983年版

球迷丛书（6册）/骆胜威、文溪主编，北京体育学院出版社1987年版

奥林匹克大博览/本书编委会编，广州出版社1996年版

华夏美：千年古都旅游文化书系（6册）/姚伟均等主编，中国地质大学出版社1997年版

“世界旅游指南”第一辑/本社编，中华书局1999年版

（选读书目）：

全民健身丛书/苏州大学出版社

中国古代武术/任海

突破极限——我的奥运冠军之路/李东华

绝望的绿茵场/乌耕

中国足球俱乐部内幕/韩勇

中国文物古迹旅游/朱耀廷等

中国游记鉴赏词典/张田

沿着塞纳河到翡冷翠/黄永玉

“走遍全球”丛书/中国旅游出版社

21世纪环球大探索/科学普及出版社

中国西部探险丛书（4册）/中央党校出版社

世界100体坛名星排行榜/孙卫珏等编著

世界体育趣闻/王杰主编

世界风情博览：奇事趣闻大汇/席力著

中国乒坛第一人——容国团/吴心民编

世界体育明星/世界之窗编辑部

世界体育幽默画/杨芳菲编

语言文字类：

汉语大字典/本书编委会编，四川辞书出版社、湖北辞书出版社1986~1990年版

汉语大词典/《汉语大词典》编纂处编，上海辞书出版社、汉语大词典出版社1986~1994年版

辞海/《辞海》编辑委员会编，上海辞书出版社1999年版

辞源/广东、广西、湖南、河南《辞源》修订组和商务印书馆编辑部合编，商务印书馆1979~1983年修订本

康熙字典/（清）张玉书、陈廷敬等编，中华书局1980年影印本

中华大字典/陆费逵、欧阳溥存等编，中华书局1978年重印本

中国成语大辞典/王涛等编，上海辞书出版社1987年版

常用典故词典/徐成志、王光汉、于石等编，上海辞书出版社1985年版

（选读书目）：

中文大辞典/本书编委会编

古汉语常用字字典/本书编写组编

倒序现代汉语词典/中国社会科学院语言研究所词典编辑室编

四角号码新词典/南开大学中文系编

古代汉语虚词通释/何乐士、敖镜浩等编

现代汉语方言大词典/李荣等编

现代汉语同义词词典/孙叔新主编

同义词词林/梅家驹等编

反义词词典/林玉山编

联绵字典/符定一编

辞通/朱起风编

古汉语常用通假字字典/马天祥、萧嘉祉编

分类成语词典/王理嘉、侯学超编

中华谚语大辞典/耿文辉等编

中国俗语大辞典/温端政等编

中国歇后语大辞典/欧阳若修等编

经籍纂诂/(清)阮元撰

其他类:

中国大百科全书/本书编委会编,中国大百科全书出版社1980~1993年版

中国丛书综录/上海图书馆编,上海古籍出版社1982~1983年版

中国历史大辞典/本书编委会编,上海辞书出版社1983年开始出版

中国历史地名辞典/复旦大学历史地理研究所本书编委会编，魏嵩山主编，江西教育出版社1986年版

简明中国古籍辞典/吴枫主编，吉林文史出版社1987年版

中国历史地图集/谭其骧主编，地图出版社1982年版

中国名胜词典/文化部文物局主编，上海辞书出版社1986年版

中华人民共和国地名录/中国地名委员会编，中国社会出版社1994年版

世界地名录/本书编写组，中国大百科全书出版社1984年版

中国人名大词典/廖盖隆等主编，上海辞书出版社1989~1992年版

中国文化大百科全书/高占祥、张德任主编，长春出版社1993年版

世界文化辞典/裘克安、洪永珊主编，江西教育出版社1994年版

唐诗鉴赏辞典/萧涤非、程千帆、马茂元等撰，上海辞书出版社1983年版

中国书法大辞典/梁披云主编，香港书谱出版社、广东人民出版社1984年版

亲属称呼辞典/鲍海涛、王安节编著，吉林教育出版社1988年版

婚姻家庭词典/陈克进主编，中国国际广播出版社1989年版

四库全书总目提要/(清)纪昀等著，上海古籍出版社1985年版

书目答问/(清)张之洞著，瞿凤起《书目答问补正》校点本，上海古籍出版社1983年版

中国读者理想藏书/王余光主编，光明日报出版社1998年版

（选读书目）：

中国古籍善本书目/本书编委会编

国民时期总书目/北京图书馆本书编委会编

十三经索引/叶绍均编

全唐诗索引/乐贵明等主编

二十四史纪传人名索引/张忱石、吴树平编

室名别号索引（增订本）/陈乃乾原编，丁宁等补编

中国现代作家笔名索引/苗士心编

十通索引/商务印书馆编

全上古三代秦汉三国六朝文篇名目录及作者索引/中华书局编

中国古典文学名著题解/中国青年出版社编辑部编

中国古今姓氏辞典/慕容翊编撰

古今同姓名大辞典/彭作桢辑著

中国近现代人名大辞典/李盛平主编

中国文学赋辞典/北京语言学院本书编委会编

当代国际人物词典/新华社国际资料编辑室编

中华人民共和国地名词典/中国地名委员会等编

世界地名词典/中国科学院地理研究所等编

历代地理沿革表/（清）陈芳绩编

两千年中西历对照表/薛仲三、欧阳颐编

简明中华百科全书/读书编写组编

哲学大辞典/本书编辑委员会编

二十六史大辞典/戴逸主编

宋词鉴赏辞典/本书编委会编

元曲鉴赏辞典/本书编委会编

中国书画鉴赏辞典/郎绍君等主编

宗教大辞典/任继愈主编

历代职官表/(清)黄本骥编

世界新学科总览/金哲等主编

中国名言大观/王树山主编

70. 现代妇女适读书目(节选)

《现代妇女适读书目》,冯笑眉编,载隐地、胡建雄合编《好书书目》,台湾尔雅出版社1983年版。

编者曾在台湾邀请不同身分、背景、年龄的学有专长或知名人士,提供他们认为现代妇女适宜阅读的书。推荐者以女性为主,共有20位,他们中“有许多位都希望妇女多读中国历史和古诗词(诗经、楚辞、唐诗、宋词),追寻中国的古老传统;多读各种报纸杂志,把握现代广大的世界。”

青年的烦恼与出路/张春兴(王振鹄荐)

中国现代文学大系(方瑀荐)

歌剧欣赏解说全集(辛永秀荐)

生活的艺术/林语堂(林文月荐)

世说新语/刘义庆(孟瑶荐)

雅舍小品/梁实秋(查仞千荐)

平屋杂文/夏丏尊(胡慧中荐)

中国画论类编(梁秀中荐)

中国戏曲史/孟瑶(郭小庄荐)

红楼梦/曹雪芹(张晓风荐)

现代诗导读/萧萧等(蓉子荐)

文艺心理学/朱光潜(刘凤学荐)

四书(邓玉祥荐)

浮生六记/沈复(薇薇夫人荐)

71.优秀教师的30本案头书(节选)

《优秀教师的30本案头书》,高万祥,徐飞著,华东师范大学出版社,2012年2月。

著名教育专家高万祥为教师们推荐了30本必读的书,这些书涉及哲学、人物传记以及文化等类别,可以说,可以极大的开阔教师的视野,促进教师的阅读。

论语

陶行知文集

朱永新教育文集

苏东坡传

张謇传

史怀泽传

张伯苓图传

梁启超传

一颗清亮的大星——胡适传

枯木开花:圣严法师传

从教师到教育家:洪宗礼评传

唐宋词十七讲

人生哲思录

林清玄散文

72. 重拾“阅读之乐”10本好书陪你过春节(节选)

新春佳节将至,忙碌了一年的人们将迎来一个轻松愉快的假期。如何利用春节假期充实我们的精神世界,让这个年过得更有文化味儿？人民网在2014年1月20日,为读者十本好书,让读者重拾“阅读之乐”，让书香溢满春节。

品评文化名人故事：

不省心/冯小刚

看见/柴静

野心优雅：任志强回忆录/任志强

欣赏青春爱情文学：

致我们终将逝去的青春/辛夷坞

小时代/郭敬明

等风来/鲍鲸鲸

翻阅散文随笔集萃：

一个：很高兴见到你/韩寒主编

了解健康养生知识：

吃好每天3顿饭/于康

只有医生知道2/张羽

73. 中国法学网十本好书推荐书目（节选）

读书学习是一种生活态度、一种工作责任、一种精神追求，中国法学网特约中国社会科学院学部委员、法学研究所李林所长、中国社会科学院法学研究所研究员邓子滨等推荐2015年度十本好书，与学人们相约多读书、读好书，以期共同以学益智、以学修身、以学增才。

推荐者：李林

中国法律与中国社会/瞿同祖，商务印书馆2010年版

中国超越/张维为，上海人民出版社2015年版

高思在云：中国兴起与全球秩序重组/朱云汉，中国人民大学出版社2015年版

推荐者：邓子滨

历史深处的忧虑/林达

人权·法治·民主/罗隆基著，刘志强编

胡适读本：容忍与自由/胡适著

法律哲学

刑法格言的展开/张明楷

推荐者：廖凡

国际货币金融法/王贵国，北京大学出版社

中国证券法学/彭冰，高等教育出版社

三百年沉浮：国际货币秩序的变迁/朱雄兵，经济管理出版社

邓小平时代/傅高义著，冯克利译，生活·读书·新知三联书店

昨天的中国/袁伟时，浙江大学出版社

晚清七十年/唐德刚，岳麓书社

《三体》系列/刘慈欣,重庆出版集团、重庆出版社

推荐者:孙家红

中国法律与中国社会/瞿同祖,中华书局

国史大纲/钱穆,商务印书馆

荀子

古史辨自序/顾颉刚,中华书局

战争与革命中的西南联大/易社强,九州出版社

推荐者:李明德

论语

孟子

中国哲学简史/冯友兰

美的历程/李泽厚

古史辩(第一卷)/顾颉刚

万历十五年/黄仁宇

知识产权论/郑成思,法律出版社,2003

推荐者:王帅一

四书章句集注/朱熹,中华书局

三松堂自序/冯友兰,生活·读书·新知三联书店

文化与人生/贺麟,上海世纪出版集团

文化与教育/钱穆,广西师范大学出版社

中国历代政治得失/钱穆,生活·读书·新知三联书店

幽暗意识与民主传统/张灏,新星出版社

明清社会经济史论文集/傅衣凌,商务印书馆

梁方仲读书札记/梁方仲,中华书局

推荐者:管育鹰

知识产权论/郑成思

版权法/郑成思

专利权的保护/尹新天

商标法/黄晖

外观设计专利保护实务/程永顺主编:

《知识产权文丛》各卷/郑成思(李明德)主编

各论文集(网上可查到)/社科院知识产权中心编(或与知识产权培训中心合编)

著作权法专家建议稿说明/李明德、管育鹰、唐广良著

反不正当竞争法新论/孔祥俊

知识产权基本问题研究/吴汉东等

74. 人民日报20本经典书目推荐(节选)

《人民日报》2018年推荐,此处仅摘录中国经典部分。

史记/司马迁

中国哲学简史/冯友兰

道德经/老子

孙子兵法/孙武

乡土中国/费孝通

平凡的世界/路遥

五、面向青年的导读书目

“书籍是青年人不可分离的生活伴侣和导师。”

—— 高尔基

“多读书、多学习、多求经验，就是前途的保障。”

——罗曼·罗兰（法）

“少而好学，如日出之阳；壮而好学，如日中之光；志而好学，如炳烛之光。”

——刘向

75. 大学生必读名著导读(节选)

《大学生必读名著导读》,关键主编,海洋出版社1990年。

该书所收必读名著限在1949年以后出版的中文著作,分人生修养、哲学、社会科学、历史学、传记、文学、文艺理论与艺术、科学八类,书后附有大学部分主要专业推荐阅读书目、大学生常用工具书名录、大学生常阅报刊名录。这里仅收"科学"一类。

科学活动论/刘大椿

潜科学学/解恩泽编

技术学导论/邓树增编

2000年的中国的科学技术/杨维哲编

20世纪科学技术简史/中国科学院自然科学史研究所近现代科学史研究室编著

系统科学/邹珊刚

76. 大学生文化素质教育百部名著导读(节选)

《大学生文化素质教育百部名著导读》,武汉大学出版社,1997年8月。

本书是国内高校第一部综合性的名著导读类教材，由武汉大学近40名教授推荐撰稿，共推荐了古今中外名著100部。

主要推荐者：

杨祖陶（武汉大学教授）

陆耀东（武汉大学教授）

易竹贤（武汉大学教授）

郭齐勇（武汉大学教授）

邓晓芒（武汉大学教授）

陈家宽（武汉大学教授）

孙党伯（武汉大学教授）

陈美兰（武汉大学教授）

龙泉明（武汉大学教授）

冯天瑜（武汉大学教授）

陈勇（武汉大学教授）

梅荣政（武汉大学教授）

王余光（武汉大学教授）

毛泽东著作选读/中共中央文献编辑委员会编

邓小平文选/中共中央文献编辑委员会编

建国方略/孙中山

社会学大纲/李达

外国史学名著选/吴于廑

诗经

楚辞

周易

四书章句集注/朱熹

道德经/老子

庄子/庄子

荀子/荀子

韩非子/韩非

孙子兵法/孙子

史记/司马迁

资治通鉴/司马光

明夷待访录/黄宗羲

文史通义/章学诚

四库全书总目/纪昀等

颜氏家训/颜之推

中国神话传说/袁珂

世说新语/刘义庆

文选/萧统

古文观止/吴楚材,吴调侯

唐诗三百首/孙洙

唐宋名家词选/龙榆生

窦娥冤/关汉卿

西厢记/王实甫

牡丹亭/汤显祖

三国演义/罗贯中

水浒传/施耐庵

西游记/吴承恩

长生殿/(清)洪昇

桃花扇/(清)孔尚任

聊斋志异/(清)蒲松龄

儒林外史/吴敬梓

红楼梦/曹雪芹

毛泽东诗词集/中共中央文献研究室编

鲁迅选集/鲁迅

女神/郭沫若

胡适文存/胡适

朱自清诗文选集/朱自清

闻一多诗文选集/闻一多

艾青诗选/艾青

子夜/茅盾

围城/钱钟书

雷雨/曹禺

骆驼祥子/老舍

家/巴金

太阳照在桑干河上/丁玲

暴风骤雨/周立波

红旗谱/梁斌

青春之歌/杨沫

红岩/罗广斌,杨益言

77.清华大学学生应读书目(人文部分)(节选)

《清华大学学生应读书目(人文部分)》,张岂之,徐葆耕主编。清华大学教务处、人文社会科学学院编印,1997年9月。

本书参考清华大学校内外专家的意见,提出供清华大学本科生试用的80种书目,其中含中国文化、外国文化、中国文学和外国文学四类,每类20种。

论语

墨子/墨子

孙子兵法/孙子

孟子/孟子

老子/老子

庄子/庄子

荀子/荀子

易传·系辞

史记选/司马迁著;王伯祥选编或来新夏选编

论衡/(东汉)王充

不真空论/僧肇

物不迁论/(东晋)僧肇

神灭论/范稹

坛经/惠能

张载集/张载

四书集注/朱熹

传习录/王守仁

明夷待访录/黄宗羲

读通鉴论/王夫之

严复集/严复

仁学/谭嗣同

孙中山选集/孙中山

诗经选/余冠英选注

楚辞选/马茂元选注

魏晋南北朝诗卷/丁夏选注

汉魏六朝诗选/余冠英选注

唐诗三百首/孙洙

宋诗选注/钱钟书选注

宋诗三百首/金性尧选

唐宋词选释/俞平伯

唐宋词选/中国社会科学院文学研究所编选、人民文学出版社出版

古文观止/吴楚材,吴调侯

三国演义/罗贯中

水浒传/施耐庵

红楼梦/曹雪芹

鲁迅选集/鲁迅

女神/郭沫若

子夜/茅盾

家/巴金

骆驼祥子/老舍

围城/钱钟书

曹禺选集/曹禺

青春之歌/杨沫

红岩/罗广斌,杨益言

艾青诗选/艾青

78. 北京大学学生应读选读书目(节选)

本目是1998年为北大百年校庆而作。包括推荐应读书目30种,推荐选读书目30种。这个书目由北京大学校内外50多位著名教授推荐,他们是:

丁守和(中国社会科学院研究员)
丰子义(北京大学教授)
王太庆(北京大学教授)
王永兴(北京大学教授)
王守常(北京大学教授)
王岳川(北京大学教授)
王思斌(北京大学教授)
方立天(中国人民大学教授)
邓广铭(北京大学教授)
厉以宁(北京大学教授)
石峻(中国人民大学教授)
叶朗(北京大学教授)
乐黛云(北京大学教授)
朱伯崑(北京大学教授)
朱德生(北京大学教授)

任继愈（北京图书馆馆长）

刘梦溪（中国艺术研究院研究员）

汤一介（北京大学教授）

孙小礼（北京大学教授）

阴法鲁（北京大学教授）

李学勤（中国社会科学院研究员）

李家浩（北京大学教授）

李慎之（中国社会科学院研究员）

杨辛（北京大学教授）

吴良镛（清华大学教授）

何九盈（北京大学教授）

何兹全（北京师范大学教授）

何芳川（北京大学教授）

余敦康（中国科学院研究员）

张世英（北京大学教授）

张岱年（北京大学教授）

陈启伟（北京大学教授）

林庚（北京大学教授）

季羡林（北京大学教授）

金克木（北京大学教授）

周一良（北京大学教授）

周民强(北京大学教授)

周辅成(北京大学教授)

庞朴(中国社会科学院研究员)

赵宝煦(北京大学教授)

赵家祥(北京大学教授)

赵敦华(北京大学教授)

侯仁之(北京大学教授)

费振纲(北京大学教授)

袁行霈(北京大学教授)

钱理群(北京大学教授)

唐有祺(北京大学教授)

黄平(中国社会科学院研究员)

黄楠森(北京大学教授)

宿白(北京大学教授)

谢冕(北京大学教授)

楼宇烈(北京大学教授)

裘锡圭(北京大学教授)

戴逸(中国人民大学教授)

(1)应读书目:

周易

诗经

老子/老子

论语

孙子兵法/孙子

孟子/孟子

庄子/庄子

史记/司马迁

坛经/惠能

古文观止/吴楚材,吴调侯

唐诗三百首/孙洙

宋词三百首笺注/唐圭璋笺注

红楼梦/曹雪芹

中国近三百年学术史/梁启超

鲁迅选集/鲁迅

中国哲学简史/冯友兰著,涂又光译

中国法律与中国社会/瞿同祖

毛泽东选集/人民出版社

邓小平文选/人民出版社

(2)选读书目:

礼记/戴圣

荀子/荀子

左传/左丘明

韩非子/韩非

论衡/(东汉)王充

三国志/陈寿

世说新语/刘义庆

文心雕龙/(南朝齐梁间)刘勰

李太白集/(唐)李白

资治通鉴/司马光

明夷待访录/黄宗羲

儒林外史/吴敬梓

人间词话/王国维

中国近三百年学术史/梁启超

中国哲学大纲/张岱年

国史大纲/钱穆

79.《青年必读书手册》推荐的首选书（节选）

《青年必读书手册》,方洲主编。北京:中国青年出版社,1997年11月。

本书包括四个部分的内容：

1首选书 中国文学与世界文学部分的经典著作

2常备书 若干职业与行业的入门书、工具书

3必读书 若干学科与门类的经典著作

4候选书

首选书包括中国传统文化、中国文学和世界文学首选书三部分，书目如下：

(1) 中国传统文化首选书：

“四书五经”

老子/老子

庄子/庄子

韩非子/韩非

孙子兵法/孙子

黄帝内经

史记/司马迁

世说新语/刘义庆

贞观政要/(唐)吴兢

金刚经/鸠摩罗什译

坛经/惠能

颜氏家训/颜之推

资治通鉴/司马光

菜根谭/(明)洪应明

曾国藩家书/曾国藩

鲁迅选集/鲁迅

(2)中国文学首选书：

诗经

楚辞

唐诗三百首/孙洙

宋词选/胡云翼选注

元曲选/臧懋循
古文观止/吴楚材,吴调侯
三国演义/罗贯中
水浒传/施耐庵
西游记/吴承恩
红楼梦/曹雪芹
聊斋志异/(清)蒲松龄
儒林外史/吴敬梓
鲁迅选集/鲁迅
家/巴金
骆驼祥子/老舍
雷雨/曹禺
围城/钱钟书
平凡的世界/路遥
毛泽东诗词/毛泽东
文化苦旅/余秋雨

80.《青年必读书手册》推荐的必读书（节选）

《青年必读书手册》在“青年必读书推荐”部分,向读者推荐了“处世与修养”等16个学科或类别的130部书。

曾国藩家书/曾国藩
中国人(又译吾国与吾民)/林语堂
菜根谭/(明)洪应明
人与永恒/周国平
诗经
楚辞
唐诗三百首/孙洙
宋词选/胡云翼选注
古文观止/吴楚材,吴调侯
三国演义/罗贯中
水浒传/施耐庵

西游记/吴承恩
聊斋志异/(清)蒲松龄
红楼梦/曹雪芹
儒林外史/吴敬梓
鲁迅选集/鲁迅
家/巴金
骆驼祥子/老舍
子夜/茅盾
雷雨/曹禺
围城/钱钟书
红岩/罗广斌,杨益言
平凡的世界/路遥
雍正皇帝/二月河
胡雪岩全传/高阳
毛泽东诗词选/毛泽东
文化苦旅/余秋雨
易经
老子/老子
论语
孟子/孟子
庄子/庄子
韩非子/韩非
中国哲学史/冯友兰
史记/司马迁
资治通鉴/司马光
文化大革命简史/席宣,金春明
中华人民共和国史/何理

81.《中国历代经典宝库》(青少年版)书目

1981年,由高上秦总编辑的这套书在台湾时报文化出版公司出版,选收《诗经》等45种图书。

诗经
左传/左丘明

论语
山海经
楚辞
战国策
唐宋八大家
世说新语/刘义庆
天工开物/宋应星
六祖坛经/惠能
戏曲故事
明代小品
宋元学案/黄宗羲
明儒学案/黄宗羲
封神榜/许仲琳
西游记/吴承恩
礼记/戴圣
老子/老子
墨子/墨子
孟子/孟子
孙子兵法/孙子
史记/司马迁
说苑/(西汉)刘向
唐代诗选
宋明话本
元代散曲
高僧传/(南朝梁)释慧皎
神仙传/葛洪
红楼梦/曹雪芹
敦煌变文
庄子/庄子
韩非子/韩非
荀子/荀子
列子
盐铁论/(西汉)桓宽
资治通鉴/司马光
唐代传奇
唐宋词选
聊斋志异/(清)蒲松龄
三国演义/罗贯中
水浒传/施耐庵
镜花缘/(清)李汝珍
儒林外史/吴敬梓
老残游记/(清)刘鹗

颜氏家训/颜之推

82. 江西大学生1988年喜爱的十种书（节选）

1988年，对江西省27所高校学生的一次广泛的读书调查表明：《红楼梦》等10种书是最受大学生欢迎的。

红楼梦/曹雪芹
五角丛书/上海文化出版社
人生/路遥
新星/柯云路
高山下的花环/李存

83. 主修国文的学生应读的古书

李国良（台北师范专科学校教授）向主修国文科系的师范生推荐应读的古书，书目如下：

（1）必读部分：

诗经
四书
礼记/戴圣
庄子/庄子
墨子/墨子
左传/左丘明

孝经
老子/老子
荀子/荀子
史记/司马迁

(2)选读部分：

易经
国语/左丘明
尚书
战国策
韩非子/韩非
淮南子/刘安
朱子全书/朱熹
十八家诗钞/(清)曾国藩选编
楚辞
汉书/班固
吕氏春秋/吕不韦
杜工部集/(唐)杜甫
后汉书/(魏晋)范晔
韩昌黎集/(唐)韩愈
东坡全集/(宋)苏轼
欧阳修全集/欧阳修
阳春集/冯延巳
稼轩词/辛弃疾
淮海词/秦观
小山词/晏几道
二程全书/程颢，程颐
白香山集/(唐)白居易
剑南诗稿/陆游
漱玉词/李清照
清真词/(南宋)周邦彦
珠玉词/晏殊
文心雕龙/(南朝齐梁间)刘勰
张子全书/张载
古文辞类纂/姚鼐
昭明文选/萧统

(3)浏览部分：

资治通鉴/司马光
世说新语/刘义庆
颜氏家训/颜之推
传习录/王守仁
三国演义/罗贯中
西厢记/王实甫
儒林外史/吴敬梓
备急千金要方/孙思邈
诸病源候论/巢元方等
梦溪笔谈/沈括
营造法式/李诫
洗冤录/宋慈
四元玉鉴/朱世杰
农桑辑要/(元)司农司编修
授时历/郭守敬
农书/(南宋)陈旉
本草纲目/李时珍
梧桐雨/白朴
象山语录/陆九渊
曾文正公全集/曾国藩
水浒传/施耐庵
老残游记/(清)刘鹗
桃花扇/(清)孔尚任
汉宫秋/马致远
农政全书/徐光启
天工开物/宋应星
园冶/计成
数理精蕴/梅彀成等
畴人传/阮元等
景德镇陶录/蓝浦
考工记
新仪象法要/苏颂
周易参同契/(东汉)魏伯阳
徐霞客游记/徐宏祖

84. 大学生必读名著导读(节选)

《大学生必读名著导读》,纪玲妹主编,机械工业出版社,2002年。

普通高等工科院校基础课规划教材:本书对精心选择的文学、历史、哲学、艺术、社会学等领域的50本中外传世之作,包括传统经典名著和社会科学领域最新的有影响的著作写了导读。此处仅摘录中国经典部分。

邓小平文选
中国文化概论
中国思想史
诗经
论语
孟子
庄子
史记
唐诗三百首
宋词三百首
三国演义
水浒传
西游记
聊斋志异
儒林外史
红楼梦
鲁迅选集
子夜
家
围城
平凡的世界
文化苦旅
从鸦片战争到五四运动
毛泽东传
美的历程
中国大学人文启思录

85.大学生必读的100本书（节选）

《大学生必读的100本书》，宿春礼主编，中国社会出版社，2003年9月。

本书力求全面、合理、重点地在中西方文化典籍中精选出100本著作，编著成这本大学生素质修养的必读物。本书上起天下第一奇书《周易》，下迄20世纪80年代托夫勒约伟大预言《第三次浪潮》。有哲学先知的经典著作，也有神圣的宗教典籍；有伟大的历史奠基之作，也有影响人类文明进程的革命性宣言；有政论性巨著，也有启蒙性读物。此处仅摘录中国经典部分。

周易
诗经
尚书
孙子兵法
老子
论语
孟子
庄子
史记
黄帝内经
山海经
九章算术
徐霞客游记
梦溪笔谈
资治通鉴
三国演义
水浒传
西游记

红楼梦
阿Q正传
新民主主义论
围城

86. 实用读书大全 青年必读书手册(节选)

《实用读书大全 青年必读书手册》,张弘,杨柄权,陈向忖著,远方出版社,2004年4月。

本书收录了《诗经》、《论语》、《孙子兵法》、《史记》、《荷马史诗》、《伊索寓言》等中外名著,每篇都分为背景快读、内容评介、名篇名段三部分。此处仅摘录中国经典部分。

诗经
论语/孔子
孙子兵法/孙武
史记/司马迁
菜根谭/洪应明
楚辞/屈原等
唐诗三百首/孙洙编
苏东坡集/苏轼
窦娥冤/关汉卿
三国演义/罗贯中
水浒传/施耐庵、罗贯中
西游记/吴承恩
红楼梦/曹雪芹
鲁迅全集/鲁迅
家/巴金
骆驼祥子/老舍
雷雨/曹禺
围城/钱钟书
子夜/茅盾

87.年轻人要读的50本书(节选)

《年轻人要读的50本书》,杨飞、童小珍编著,光明日报出版社,2005年1月。

该书组织相关人员,在查阅大量文献、征询众多专家的基础上,考虑到年轻人的阅读口味和实际需要,经反复细致的讨论,最终从中外名著中精选出50部不可不读的。所选图书涉及政治学、经济学、哲学、社会学、军事学、文学、美学、历史学、成功学、宗教经典等领域。此处摘选中国经典部分。

诗经/孔子

孙子兵法/孙武

老子/老子

史记/司马迁

资治通鉴/司马光等

水浒传/施耐庵

三国演义/罗贯中

西游记/吴承恩

菜根谭/洪应明

古文观止/吴楚才,吴调侯

唐诗三百首/孙洙,徐兰英

红楼梦/曹雪芹,高鹗

曾国藩家书/曾国藩

鲁迅全集/鲁迅

朱自清散文/朱自清

志摩的诗/徐志摩

宋词三百首/朱疆村

围城/钱钟书

美的历程/李泽厚

文化苦旅/余秋雨

88.影响大学生的100部经典(节选)

《影响大学生的100部经典》,程悦、叶立文、桑靖宇等编著,长江文艺出版社,2005年12月。

重点高校名师推荐:本书收录了:《曾国藩家书》、《中国人》、《傅雷家书》、《道德箴言录》、《圣经》、《人性的弱点》、《只有一个地球》、《诗经》等。此处仅摘录中国经典部分。

曾国藩家书/曾国藩
中国人/林语堂
傅雷家书/傅雷
诗经
楚辞/屈原
唐诗三百首/孙洙,徐兰英
宋词选/胡云翼
古文观止/吴泉权
三国演义/罗贯中
水浒传/施耐庵
金瓶梅/兰陵笑笑生
红楼梦/曹雪芹
围城/钱钟书
白鹿原/陈忠实
活着/余华
文化苦旅/余秋雨
边城/沈从文
我与地坛/史铁生
我的精神家园/王小波
传奇/张爱玲
尘埃落定/阿来
史记/司马迁
资治通鉴/司马光
“文化大革命”简史/席宣,

金春明

万历十五年/黄仁宇

中国哲学简史/冯友兰

老子/老子

论语/孔子

庄子/庄子

孟子/孟子

谈美书简/朱光潜

美学散步/宗白华

美的历程/李泽厚

文艺心理学/朱光潜

新人口论/马寅初

毛泽东选集/毛泽东

邓小平文选/邓小平

孙子兵法/孙武

本草纲目/李时珍

89. 大学生中外名著导读(节选)

《大学生中外名著导读》,谭好哲、于良春主编,山东大学出版社,2000年6月。

本书按学科和类别分目,精心选择了古今中外各学科领域的138部名著,一一进行了详细而又精彩的介绍和评点。

论语/孔丘

孟子/孟轲

老子

庄子/庄周

孙子兵法/孙武

荀子/荀况

周易

坛经/慧能

中国近三百年学术史/梁启超

中国哲学简史/冯友兰

美学散步/宗白华

建国方略/孙中山

论十大关系/毛泽东

新人口论/马寅初

社会主义经济论稿/孙冶方

新民主主义论/毛泽东

解放思想,实事求是,团结一致向前看/邓小平

韩非子/韩非

史记/司马迁

汉书/班固

资治通鉴/司马光

国史大纲/钱穆

近代中国社会的新陈代谢/陈旭麓

剑桥中华民国史/费正清

中国官僚政治研究/王亚南

中国古代思想史论/李泽厚

万历十五年/黄仁宇

毛泽东论文艺

诗经

楚辞

唐诗三百首

宋词选

西厢记/王实甫

红楼梦/曹雪芹

呐喊/鲁迅

女神/郭沫若

子夜/茅盾

雷雨/曹禺

文心雕龙/刘勰

诗品/钟嵘

二十四诗品/司空图

人间词话/王国维

历代名画记/张彦远

艺概/刘熙载

中国绘画史/潘天寿

九章算术/佚名

梦溪笔谈/沈括

90. 人文学科经典名著导读（节选）

《人文学科经典名著导读》，王本朝主编，西南师范大学出版社，2019年1月。

本书从文艺学美学方面名著导读、古代文学方面名著导读、现当代文学方面名著导读、外国文学与比较文学方面名著导读、戏剧影视文学方面名著导读、古代汉语古文献方面名著导读、现代汉语与对外汉语方面名著导读、语文教育方面名著导读8个视角解读了古今中外的经典名著，涵盖中外语言文学、戏剧和影视学、哲学（美学）、史学等人文学科的相关领域，以期引导大学生在课内外细读经典名著原著。此处仅摘选中国经典部分。

毛诗序
文赋
文心雕龙
诗品
沧浪诗话
姜斋诗话
周易
论语译注
孟子选译
老子道德经河上公章句
庄子今注今译
诗经选
楚辞选
史记选
陶渊明集
唐诗选

李白选集
杜甫诗选注
宋诗选注
唐宋词选
元人杂剧选
西厢记
牡丹亭
长生殿
桃花扇
三国演义
水浒传
西游记
红楼梦
聊斋志异
儒林外史
古文观止
阿Q正传
骆驼祥子
茶馆
雷雨
影视批评:理论和实践
宋元戏曲史
中国戏曲概论
演剧职业化运动研究
中国话剧通史
方言
尔雅
释名
马氏文通
史通
语法讲义
汉字发展史纲要
简明语言学史
普通语言学教程
句法结构
汉语方言及方言调查
语音平面实验录
第二语言习得研究
修辞学发凡
给教师的建议
课程与教学的基本原理

六、人生必读书目

“仅在字母文字和书页中浏览一番这不是读书。阅览和死记也不是读书。读书要有感受，要有审美感，对他人的金玉良言，要能融会贯通，并使之付诸实现。”

——巴金

“有创见的书籍传布在黑暗的时代里，犹如一些太阳光照耀在荒凉的沙漠上，为的是化黑暗为光明。这些书是人类精神史上划时代的作品，人们凭借它们的原则，向种种新的发现迈进。书本是将圣贤豪杰的心照射到咱们心里的忠实的镜子。”

—— 吉本

91.人生必读百部名著(节选)

《经典品读:人生必读百部名著》,郭勉愈等编著,中华工商联合出版社,1999年版。

出版者认为:该书的宗旨就是把有价值的、经典的、适合阅读的书推荐给大家,使大家在有限的时间里能够了解古今中外百位伟人思想精华的轮廓,这是现代人最需要的精神和灵魂的文化套餐。该书在名著选择上有三个标准:具有突出的文学价值;在各种知识中具有极高的创意思维;具有深刻的精神见解和感悟力。

诗经

老子/老子

论语/孔子

庄子/庄子

孟子/孟子

史记/司马迁

楚辞/屈原

文心雕龙/(南朝齐梁间)刘勰

世说新语/刘义庆

资治通鉴/司马光

唐诗三百首/孙洙

牡丹亭/汤显祖

水浒传/施耐庵

三国演义/罗贯中

儒林外史/吴敬梓

红楼梦/曹雪芹

聊斋志异/蒲松龄

西游记/吴承恩

官场现形记/(清)李宝嘉

阿Q正传/鲁迅

子夜/茅盾
家/巴金
骆驼祥子/老舍
雷雨/曹禺
围城/钱钟书

92. 一生必读的60本书(节选)

《一生必读的60本书》,张玉斌、王晶编著,北京工业大学出版社,2003年7月。

本书选取了60本最有权威性的代表作,涵盖了文学、哲学、历史、军事等各个不同的领域。每本书分设“名家导读”、“华文精选”、“读到之处”、“典故逸话”等栏目。此处仅摘录中国经典部分。

论语
史记
孙子兵法
三国演义
水浒传
曾国藩家书
毛泽东传
红楼梦
胡雪岩全传
西游记
呐喊
本草纲目
倾城之恋
雷雨
边城
四世同堂
围城
西厢记

冰心散文选

我的精神家园

美的历程

我与地坛

活着

93. 一生要读知的100篇中国名文

《一生要读知的100篇中国名文》,王岳川主编,中国戏剧出版社,2004年6月。

本书收录100篇中国经典美文。包括:《尧典》、《非功》、《小国寡民》、《逍遥游》、《愚公移山》、《高帝求贤诏》等。

尧典

管仲论士工商农

盘庚

勾践灭吴

大诰

介之推不言禄

子路、曾皙、冉有、公西华侍坐

召公谏厉王止谤

季氏将伐颛臾

谋攻

长沮、桀溺耦而耕

天时不如地利,地利不如人和

荷蓧丈人

非攻

生于忧患,死于安乐

小国寡民

鱼,我所欲也

劝学

逍遥游
养生主
天论
胠箧
卜居
愚公移山
五蠹
论积贮疏
谏逐客书
论贵粟疏
高帝求贤诏
言兵事疏
礼运
论守边疏
学记
赵氏孤儿
上屯田状
伯夷列传
狱中上梁王书
屈原列传
项羽本纪
荆轲刺秦王
约法三章
报任少卿书
苏秦始将说秦
货殖列传序
燕昭王求士
邹忌讽齐王纳谏
谏起昌陵书
冯谖客孟尝君
苏武传
鲁连书
诣阙上书理马援
隆中对
请兵平定西域疏
出师表
典论·论文
与黄琼书
请伐吴疏
谏党锢疏
桃花源记
陈情表

神灭论
劝进表
与陈伯之书
兰亭集序
上书正文体
归去来兮辞
谏太宗十思疏
藤王阁序
为徐敬业讨武曌檄
谏造浮图大像疏
请开言路疏
奉天请罢琼林大盈二库状
原道
师说
进学解
论迎佛骨表
封建论
与元九书
阿房宫赋
岳阳楼记
朋党论
五代史伶官传序
准诏言事上书
本朝百年无事札子
南京上高宗书略
戊午上高宗封事
大学章句序
指南录后序
上疏劾卢世荣
治安疏
童心说
天下兴亡,匹夫有责
原君
钱票无甚关碍宜重禁吃烟
以杜弊源片
海国图志序
遵旨统筹全局折
请禁妇女裹足折
少年中国说
革命军序

94. 一生要读知的100篇中国名书

《一生要读知的100篇中国名书》，王岳川主编（北京大学教授）；康丽执笔，中国戏剧出版社，2004年7月。

本书对在中国历史上影响深远的100部名著的作者、年代、写作背景，内容精要作了介绍和评论。

尚书
周易
春秋
老子
诗经
论语
尔雅
孟子
荀子
庄子
孙子兵法
楚辞
韩非子
吕氏春秋
战国策
淮南子
史记
周礼
九章算术
论衡
汉书
古诗十九首
针灸甲乙经
搜神记
抱朴子
陶渊明集
文心雕龙
诗品

水经注

文选

颜氏家训

齐民要术

三十六计

李太白集

杜工部集

通典

历代名画记

资治通鉴

东坡集

通志

四书章句集注

三字经

宋史

文献通考

西厢记

三国演义

琵琶记

水浒

永乐大典

本草纲目

西游记

阳明全书

焚书

元曲选

金瓶梅

“三言二拍”

徐霞客游记

牡丹亭

农政全书

王季重集

天工开物

明儒学案

明夷待访录

日知录

天下郡国利病书

长生殿

桃花扇

红楼梦

聊斋志异

儒林外史

唐诗三百首	子夜
古文观止	骆驼祥子
四库全书总目提要	雷雨
说文解字注	金粉世家
文史通义	激流三部曲
曾国藩家书	上海屋檐下
艺概	围城
大同书	吾国与吾民
人间词话	青春之歌
清史稿	红岩
中国历史研究法	鹿鼎记
沉沦	万历十五年
呐喊	美的历程
女神	活动变人形
徐志摩诗全编	平凡的世界

95. 人一生要读的106本书(节选)

《人一生要读的106本书》,钟雷主编,哈尔滨出版社,2006年3月。

本书挑选了古今中外文学史上的106部优秀作品,呈现给广大读者,所选106本书涵盖政治学、文学、艺术、经济学、成功学、美学等诸多领域。在介绍每部作品时,分别以作者简介、背景资料、内容摘要、作品点评、经典名句等栏目加以具体叙述,语言简练、内容经典、条理分明,提炼佳作精髓和主旨,更加清晰、系统地介绍每一部作品,使广大读者能够真正地实现自我知识的积累和完善。同时,本书精心挑选了300多幅精美的彩色图片,图文并茂,经典权威,让读者在本书的引导下开始一段不同寻常的彩色读书之旅,在多姿多彩的文学知识海洋中自由翱翔。

诗经	水浒传
孙子兵法	三国演义
老子	西游记
左传	菜根谭
论语	三言二拍
庄子	古文观止
史记	聊斋志异
陶渊明集	儒林外史
唐诗三百首	红楼梦
宋词三百首	曾国藩家书
资治通鉴	老残游记
窦娥冤	鲁迅全集
西厢记	女神

志摩的诗
朱自清散文
家
雷雨
子夜
边城
骆驼祥子
呼兰河传
倾城之恋
繁星、春水
莎菲女士的日记
围城
汪曾祺文集
金庸小说集
平凡的世界
爱,是不能忘记的
长根歌
美的历程
文化苦旅
细节决定成败

96. 人一生要读的100本书(节选)

《人一生要读的100本书》,杨飞、童小珍、谭鑫编著,中国和平出版社,2006年6月。

本书收录了中外经典著作100部,内容涵盖了历史、哲学、艺术、自然科学、心理学、教育学、政治经济学等多个领域,每本书都通过"必读理由"、"背景搜索"、"内容提要"、"名家导读"、"作品影响"等部分介绍。

周易
老子
诗经
左传

大学
中庸
孟子
庄子
韩非子
史记
抱朴子
金刚经
水经注
颜氏家训
贞观政要
坛经
梦溪笔谈
资治通鉴
窦娥冤
水浒传
三国演义
西游记
菜根谭
本草纲目
徐霞客游记
日知录
聊斋志异
红楼梦
三十六计
曾国藩家书
鲁迅全集
围城
毛泽东诗词
美的历程

97. 千年之书 80本指引人生之路的必读书（节选）

《千年之书 80本指引人生之路的必读书》，罗凌主编，哈尔滨出版社，2007年1月。

好书，是贮存知识的宝库，是屹立在知识海洋中的灯塔，指引着人类前进的方向。本书介绍了《老子》、《诗经》、《论语》、《庄子》、《孟子》、《史记》、《圣经》、《荷马史诗》等中外著作。此处仅摘录中国经典部分。

老子

诗经

论语

庄子

孟子

史记

世说新语

资治通鉴

水浒传

三国演义

牡丹亭

西游记

红楼梦

聊斋志异

唐诗三百首

古文观止

呐喊

围城

边城

98. 读了100年的书 还要再读100年 智慧卷（节选）

《读了100年的书 还要再读100年 智慧卷》，魏宏伟主编，吴智勇编著，哈尔滨出版社，2007年1月。

本书是《读了100年的书，还要再读10年》丛书中的一种。丛书分为财富卷、文学卷、智慧卷。本书参考了诸多名家推荐的必读书目、并在广泛搜集国内外研究评论的基础上精选出100部名著，以多种形式对每部作品进行了详尽而又妙趣横生的解读。

论语/（春秋）孔子

道德经/（春秋）老子

孙子兵法/（春秋）孙武

管子/（春秋）管子

周易/佚名

庄子/（战国）庄子

三十六计/佚名

鬼谷子/（春秋）鬼谷子

左传/（春秋）左丘明

孟子/（战国）孟子

墨子/（战国）墨子

荀子/（战国）荀子

楚辞/（战国）屈原

韩非子/（战国）韩非

战国策/（西汉）刘向

吕氏春秋/（战国）吕不韦

史记/(西汉)司马迁

汉书/(东汉)班固

论衡/(东汉)王充

世说新语/(南朝)刘义庆

六祖坛经/(唐)慧能

贞观政要/(唐)吴兢

资治通鉴/(北宋)司马光

四书章句集注/(南宋)朱熹

颜氏家训/(南北朝)颜之推

文心雕龙/(南朝)刘勰

梦溪笔谈/(北宋)沈括

本草纲目/(明)李时珍

菜根谭/(明)洪应明

传习录/(明)王阳明

焚书/(明)李贽

曾国藩家书/(清)曾国藩

小窗幽记/(明)陈继儒

明夷待访录/(明末清初)黄宗羲

人间词话/(明末清初)王国维

日知录/(明末清初)顾炎武

读通鉴论/(明末清初)王夫之

99.读了100年的书 还要再读100年 文学卷(节选)

《读了100年的书 还要再读100年 文学卷》,魏宏伟主编,伯灵编著,哈尔滨出版社,2007年1月。

本书是《读了100年的书,还要再读10年》丛书中的一种。丛书分为财富卷、文学卷、智慧卷。本书参考了诸多名家推荐的必读书目、并在广泛搜集国内外研究评论的基础上精选出100部文学名著,以多种形式对每部作品进行了详尽而又妙趣横生的解读。

诗经/(西周-春秋)诗歌总集

论语/(春秋)孔子

庄子/(战国)庄子

楚辞/(战国)屈原

世说新语/(南朝·宋)刘义庆

李白诗选集/(唐)李白

窦娥冤/(元)关汉卿

三国演义/(元末明初)罗贯中

水浒传/(元末明初)施耐庵

西厢记/(元)王实甫

西游记/(明)吴承恩

牡丹亭/(明)汤显祖

聊斋志异/(清)蒲松龄

儒林外史/(清)吴敬梓

红楼梦/(清)曹雪芹

老残游记/(清)刘鹗

呐喊/鲁迅

背影/朱自清

金粉世家/张恨水

雷雨/曹禺

京华烟云/林语堂

金锁记/张爱玲

四世同堂/老舍

围城/钱钟书

100. 享用一生一世的恩赐 影响我们人生信仰的49本书(节选)

《享用一生一世的恩赐 影响我们人生信仰的49本书》,杨薇编著,北京工业大学出版社,2007年4月。

好书是一辈子的财富。本书收录了49本可以作为一生伴侣的书，它们凝聚着对生活的感悟，代表着“智慧”与“经典”，是我们可以享用一生一世的恩赐。

活着/余华

围城/钱钟书

三国演义/罗贯中

平凡的世界/路遥

傅雷家书/傅雷，朱梅馥著；傅敏编

道德经/老子

101. 人一生要读的书 超值彩图白金版（节选）

《人一生要读的书 超值彩图白金版》，桑楚主编，中国华侨出版社，2013年10月。

本书分为世界卷和中国卷两部分，收录了200余部中外价值最高、影响最大、流传最广的经典作品，它们是政治学、经济学、社会学、军事学、成功学、教育学、文学、美学等各个领域的集大成者，思想性、艺术性俱佳。了解并阅读这些经典，必将给每一位读者以睿智的启迪。此处摘录中国卷部分。

尚书/(春秋早期)

诗经/(春秋)

黄帝内经/(春秋至战国)

山海经/(春秋晚期)

楚辞/(战国)屈原

周易/(西周至战国晚期)

道德经/(春秋)老子

孙子兵法/(春秋)孙武

论语/(春秋末期)孔子

大学/(战国)曾子

中庸/(战国)子思

左传/(战国)左丘明

尔雅/(战国)

国语/(战国)

战国策/(战国)

庄子/(战国)庄周

荀子/(战国)荀况

韩非子/(战国)韩非

墨子/(战国)墨翟

孟子/(战国)孟轲

管子/(春秋)管仲

吕氏春秋/(秦)吕不韦

九章算术/(西汉)

淮南子/(西汉)刘安

史记/(西汉)司马迁

汉书/(东汉)班固

后汉书/(南朝宋)范晔

论衡/(东汉)王充

说文解字/(东汉)许慎

伤寒杂病论/(东汉)张仲景

太平经/(东汉)

搜神记/(晋)干宝

三国志/(晋)陈寿

抱朴子/(东晋)葛洪

金刚经/(后秦)鸠摩罗什译

洛阳伽蓝记/(北魏)杨衒之

水经注/(北魏)郦道元

齐民要术/(北魏)贾思勰

世说新语/(南朝宋)刘义庆

千字文/(南朝梁)周兴嗣

文心雕龙/(南朝梁)刘勰

文选/(南朝梁)萧统

颜氏家训/(北齐)颜之推

大唐西域记/(唐)玄奘

贞观政要/(唐)吴兢

千金方/(唐)孙思邈

资治通鉴/(北宋)司马光

太平广记/(宋)李昉等

梦溪笔谈/(北宋)沈括

百家姓/(北宋)

容斋随笔/(南宋)洪迈

窦娥冤/(金末元初)关汉卿

赵氏孤儿/(元)纪君祥

西厢记/(元)王实甫

琵琶记/(元)高明

汉宫秋/(元)马致远

三国演义/(元末明初)罗贯中

传习录/(明)王阳明

水浒传/(明)施耐庵

西游记/(明)吴承恩

金瓶梅/(明)兰陵笑笑生

封神演义/(明)许仲琳

菜根谭/(明)洪应明

本草纲目/(明)李时珍

三言/(明)冯梦龙

二拍/(明)凌濛初

牡丹亭/(明)汤显祖

闲情偶寄/(明末清初)李渔

日知录/(明末清初)顾炎武

聊斋志异/(清)蒲松龄

阅微草堂笔记/(清)纪昀

红楼梦/(清)曹雪芹

东周列国志/(清)袁枚

曾国藩家书/(清)曾国藩

三十六计/(清)

长生殿/(清)洪昇

儒林外史/(清)吴敬梓

镜花缘/(清)李汝珍

孽海花/(清)曾朴

老残游记/(清)刘鹗

二十年目睹之怪现状/(清)吴沃尧

官场现形记/(清)李宝嘉

人间词话/(清末民初)王国维

呐喊 彷徨/(现代)鲁迅

女神/(现代)郭沫若

繁星 春水/(现代)冰心

朝花夕拾/(现代)鲁迅

金粉世家/(现代)张恨水

背影/(现代)朱自清

家/(现代)巴金

子夜/(现代)茅盾

骆驼祥子/(现代)老舍

雷雨/(现代)曹禺

102. 一生要读的国学经典

《一生要读的国学经典》,汪思源著,内蒙古科学技术出版社,2018年4月。

中国文化源远流长,那些传承下来的古书,凝聚着众多大家的智慧和心得,是取之不尽、用之不竭的宝藏。《一生要读的国学经典》推荐的古书,时间跨度从先秦一直延续到清末,类型多样,有《史记》《资治通鉴》等史学巨著,《诗经》《漱玉词》等诗词集,《红楼梦》《聊斋志异》等小说,《窦娥冤》《西厢记》等戏剧作品,《文心雕龙》《艺概》等文艺理论著作,《水经注》《齐民要术》等科学巨著。读者在了解其思想精髓的同时,也可以选取一些适合自己或者感兴趣的书来细细品读，相信定会受益匪浅。

先秦秦汉篇

山海经/佚名

周礼/周公

诗经/佚名

黄帝内经/佚名

道德经/老子

论语/孔子弟子

庄子/庄子及其弟子

左传/左丘明

国语/左丘明

孙子兵法/孙武

墨子/墨翟及其弟子

楚辞/刘向辑录

韩非子/韩非

战国策/韩非等撰；刘向整理

孟子/孟子及其再传弟子

吕氏春秋/吕不韦等

淮南子/刘安及"八公"

史记/司马迁

论衡/王充

汉书/班固、班彪、班昭

九章算术/古代学者

礼记/戴圣

三国志/陈寿

针灸甲乙经/皇甫谧

魏晋南北朝篇

搜神记/干宝

抱朴子/葛洪

肘后方/葛洪

谢康乐集/谢灵运

陶渊明集/陶渊明

后汉书/范晔、司马彪

世说新语/刘义庆

幽明录/刘义庆

文心雕龙/刘勰

诗品/钟嵘

文选/萧统

古诗十九首/佚名

水经注/郦道元
齐民要术/贾思勰
颜氏家训/颜之推
隋唐五代篇
千金要方/孙思邈
千金翼方/孙思邈
晋书/房玄龄等
隋书/魏征等
史通/刘知几
昌黎先生集/韩愈
李太白集/李白
杜工部集/杜甫
孟浩然集/孟浩然
王摩诘文集/王维
白氏长庆集/白居易
河东先生集/柳宗元
刘梦得文集/刘禹锡
李义山诗集/李商隐
类川文集/杜牧
元和郡县图志/李吉甫
历史名画记/张彦远
法书要录/张彦远
旧唐书/刘昫等
花间集/花间派词人
南唐二主词/李璟、李煜
宋元明清篇
旧五代史/薛居正等
新五代史/欧阳修
太平广记/李昉、扈蒙、宋白等
新唐书/欧阳修、宋祁等
欧阳修集/欧阳修
范文正公文集/范仲淹
临川文集/王安石
资治通鉴/司马光
乐章集/柳永
苏东坡集/苏轼
梦溪笔谈/沈括
乐府诗集/郭茂倩
樵歌/朱敦儒
漱玉词/李清照
剑南诗稿/陆游
诚斋易传/杨万里

稼轩长短句/辛弃疾
四书章句集注/朱熹
通志/郑樵
洗冤集录/宋慈
梦窗词/吴文英
遗山集/元好问
文献通考/马端临
窦娥冤/关汉卿
单刀会/关汉卿
拜月亭/关汉卿
风尘/关汉卿
西厢记/王实甫
倩女离魂/郑光祖
王粲登楼/郑光祖
梧桐雨/白朴
墙头马上/白朴
东墙记/白朴
汉宫秋/马致远
赵氏孤儿/纪君祥
二十四孝/郭居敬
宋史/脱脱、阿鲁图等
琵琶记/高明
岛夷志略/汪大渊
元史/宋濂、王祎等
水浒传/施耐庵
三国演义/罗贯中
西游记/吴承恩
金瓶梅/兰陵笑笑生
永乐大典/解缙等
震川先生集/归有光
本草纲目/李时珍
封神演义/许仲琳
农政全书/徐光启
焚书/李贽
续焚书/李贽
牡丹亭/汤显祖
邯郸记/汤显祖
紫钗记/汤显祖
南柯记/汤显祖
传习录/王守仁
袁中郎全集/袁宏道
三言二拍/冯梦龙、凌濛初

徐霞客游记/徐弘祖
王季重集/王思任
天工开物/宋应星
天下郡国利病书/顾炎武
日知录/顾炎武
明夷待访录/黄宗羲
明儒学案/黄宗羲
闲情偶寄/李渔
笠翁十种曲/李渔
十二楼/李渔
无声戏/李渔
明史/张廷玉等
桃花扇/孔尚任
长生殿/洪升
三十六计/杨南柯
醒世姻缘传/西周生
聊斋志异/蒲松龄
纳兰词/纳兰性德
说岳全传/钱彩、金丰
红楼梦/曹雪芹
古文观止/吴楚材、吴调侯
儒林外史/吴敬梓
古诗源/沈德潜
唐诗别裁集/沈德潜
明诗别裁集/沈德潜
清诗别裁集/沈德潜
惜抱轩全集/姚鼐
古文辞类纂/姚鼐
五七言今体诗钞/姚鼐
镜花缘/李汝珍
文史通义/章学诚
龚自珍全集/龚自珍
三侠五义/石玉昆
艺概/刘熙载
儿女英雄传/文康
海国图志/魏源
曾国藩家书/曾国藩
官场现形记/李伯元
盛世危言/郑观应
天演论/严复译
老残游记/刘鹗
孽海花/曾朴、金松岑

人间词话/王国维

红楼梦论/王国维

观堂集林/王国维

革命军/邹容

七、影响中国的书

书——这是这一代对另一代的精神上的遗训,这是行将就木的老人对刚刚开始生活的青年人的忠告,这是行将下岗的人对前来接替他的人的命令。人类的全部生活,会在书本上有条不紊地留下印记:即使种族、人群、国家消失了,书籍将永存下去。书是和人类一起成长起来的,一切震撼智慧的学说,一切打动心灵的热情都在书里结晶成形。在书本中,记述了人类的狂激生活的宏大规模的自白,记述了叫做世界史的宏伟自传。

——(俄)赫尔岑

103.最能代表中国文化的40种书

蔡尚思,历史学家。早年曾就读于孔教大学研究科、北京大学研究所。毕业后先后在东吴大学、复旦大学等校任教。著有《中国思想研究法》、《中国文化史要论》等。

1982年,蔡尚思在他的《中国文化基础书目》(《中国文化史要论》第7章,湖南人民出版社1979年版)的基础上提出最能代表中国文化的40种书,分文学、史学、哲学思想和科学四个方面。

载《书林》1982年第5期。

诗经

李太白诗集/(唐)李白

白香山诗集/(唐)白居易

宋元戏曲史/王国维

红楼梦/曹雪芹

楚辞

杜工部诗集/(唐)杜甫

韩昌黎文集/(唐)韩愈

水浒/施耐庵

鲁迅杂感选集

左传/左丘明

史记/司马迁

史通/(唐)刘知几

廿二史札记/赵翼

徐霞客游记/徐宏祖

帝王春秋/易白沙

论语

孙子/孙子

荀子/荀子

论衡/(东汉)王充

庄子/庄子

明夷待访录/黄宗羲

四存编(或习斋先生言行录)/(清)颜元

天演论/赫胥黎著;严复译

孙中山选集/孙中山

墨子/墨子

老子/老子

孟子/孟子

化书/谭峭

韩非子/韩非

金刚经(鸠摩罗什译)或六祖坛经(惠能)

李氏焚书、续焚书/(明)李贽

读四书大全说/王夫之

太平天国文选

清代学术概论/梁启超

五四运动文选

梦溪笔谈/沈括

农书/(南宋)陈旉

本草纲目/李时珍

天工开物/宋应星

104.影响中国历史的三十本书

王余光主编,武汉:武汉大学出版社,1990年1月。

本书介绍了中国历史上对中华民族各方面产生过深远影响的30本书(另附3本),它侧重于从书籍对历史进程的影响,深入而系统地剖析了它们对读者在思想深处的巨大作用。本书1993年由(韩国)韩仁熙、李东哲译为韩文,汉城:知永社出版。1994年台湾洪叶文化有限公司出版了繁体字本。

尚书
周易
诗经
孙子/孙子
老子/老子
庄子/庄子
春秋/孔子
左传/左丘明
论语
孟子/孟子
孝经
韩非子/韩非
礼记/戴圣
黄帝内经
史记/司马迁
论衡/(东汉)王充
太平经
坛经/惠能
唐诗三百首/孙洙
资治通鉴/司马光
四书集注/朱熹
明夷待访录/黄宗羲
红楼梦/曹雪芹
海国图志/魏源
新学伪经考/康有为
盛世危言/郑观应
天演论/赫胥黎著;严复译
建国方略/孙中山
尝试集/胡适
阿Q正传/鲁迅
独秀文存/陈独秀
社会学大纲/李达
新民主主义论/毛泽东

105.影响台湾四十年的四十本书(节选)

台湾《中国时报》“开卷专刊”在1990年举办了“我们都是看这些书长大的——票选四十年来影响我们最深的书籍”的评选活动,位居前40名的入选书目依次是:

汪洋中的一条船/郑丰喜

异域/邓克保

未央歌/鹿桥

冰点/三浦绫子

天地一沙鸥/李察·巴哈

金庸作品

野火集/龙应台

三毛作品

蓝与黑/王蓝

海水正蓝/张曼娟

罗兰小语/罗兰

风雨中的宁静/蒋经国

雅舍小品/梁实秋

女强人/朱秀娟

琼瑶作品

开放的人生/王鼎钧

蛹之生/小野

卫斯理传奇/倪匡

徐志摩作品

不归路/廖辉英

朱自清作品集

生活的艺术/林语堂

桂花巷/萧丽红

诸葛四郎/叶宏甲

乌龙院/敖幼祥

新人生观/罗家伦

西湖/蒋梦麟

青年的四个大梦/吴静吉

野鸽子的黄昏/王尚义

林清玄菩提系列/林清玄

反败为胜/艾科卡

台北人/白先勇

塔里的女人/无名氏

无怨的青春/席慕蓉

阿Q正传/鲁迅

京华烟云/林语堂

人生的光明面/皮尔

106.影响中国的100本书

张秀平,王晓明主编。南宁:广西人民出版社,1993年4月。

本书列举和评价了100本书,上起先秦,下迄清末,包含哲学、历史学、科学技术、医学、地理学、军事学、语言文字学等方面。

周易

管子

老子/老子

论语

孟子/孟子

商君书/商鞅

庄子/庄子

荀子/荀子

墨子/墨子

韩非子/韩非

春秋繁露/董仲舒

白虎通义/(东汉)班固

论衡/(东汉)王充

五经正义/孔颖达

四书集注/朱熹

传习录/王守仁

焚书、续焚书/(明)李贽

明夷待访录/黄宗羲

定庵文集、续集/龚自珍

天朝田亩制度/洪秀全

大同书/康有为

革命军/邹容

警世钟/陈天华

孙文学说/孙中山

尚书

春秋/孔子

《春秋》三传

国语/左丘明

战国策

周礼

礼记/戴圣

史记/司马迁

汉书/班固

前汉纪/荀悦

后汉书/范晔

续汉书/司马彪

后汉纪/袁宏

三国志/陈寿

晋书/房玄龄

宋书/沈约

南齐书/萧子显

梁书/姚思廉

陈书/姚思廉

魏书/魏收

北齐书/李百药

周书/令狐德棻等

隋书/（唐）魏征等

唐律疏议/（唐）长孙无忌

南史、北史/李延寿

贞观政要/（唐）吴兢

通典/杜佑

旧唐书/（后晋）刘昫等

新唐书/欧阳修

旧五代史/薛居正

新五代史/欧阳修

资治通鉴/司马光

通鉴纪事本末/袁枢

通志/郑樵

文献通考/马端临

宋史/脱脱

辽史/脱脱

金史/脱脱

元史/宋濂

明史/张廷玉

读通鉴论/王夫之

海国图志/魏源

列女传/刘向

史通/（唐）刘知几

文史通义/章学诚
新史学/梁启超
考工记
九章算术
齐民要术/(北魏)贾思勰
梦溪笔谈/沈括
营造法式/李诫
王祯农书/(元)王祯
天工开物/宋应星
农政全书/徐光启
黄帝内经
伤寒杂病论/张仲景
针灸甲乙经/皇甫谧
备急千金要方/孙思邈
本草纲目/李时珍
山海经
水经注/(三国)郦道元
大唐西域记/(唐)玄奘
元和郡县图志/李吉甫
岛夷志略/汪大渊
徐霞客游记/徐宏祖
天下郡国利病书/顾炎武
读史方舆纪要/顾祖禹
大清一统志/方苞等
孙子兵法/孙武
吴子/吴起
尉缭子/(战国)尉缭
六韬
唐李问对
尔雅
广雅/(三国魏)张揖
说文解字/(东汉)许慎
广韵/(宋)陈彭年等
方言/扬雄
释名/刘熙

107. 中国文明的阶梯 历史上最有影响的33部书

《中国文明的阶梯 历史上最有影响的33部书》,贺立华、汤顺文主编,安徽文艺出版社,1996年12月。

在中华文明史的链条上,有33颗璀璨的明珠,那就是本书所介绍的33部典籍。它们各自从不同的角度不同的方面影响着中国的历史乃至世界的文明,它们共同组成了中国的大文化。

尚书
左传
周易
论语
墨子
老子
庄子
管子
孙子兵法
黄帝内经
史记
坛经
资治通鉴
明夷待访录
海国图志
大同书
建国方略
新民主主义论
诗经
楚辞
山海经
文心雕龙

三国演义

水浒传

西游记

金瓶梅

“三言二拍”

聊斋志异

儒林外史

红楼梦

呐喊

女神

家

108. 塑造中华文明的200本书

王余光，宁浩主编，武汉：武汉大学出版社，1997年2月。

本书在选目过程中多方征求了一些学者的意见，更为重要的是，它以中国自唐以来历代著名的推荐书目为主要依据，从历代经典中遴选出“最能代表中华文明特色，并对民族历史产生过重大影响的”200本书，包括哲学、思想、宗教、政治、经济、历史、文学、艺术、民俗、科技、军事等方面的著作，并将这200部名著放在中华文明进程的不同时期来评价。作者将中华文明的进程划分为文明的初始与华夏文明的形成、华夏文明的变异与中部地域文明的成长等8个时期。本书从图书这个角度展示了5000年中华文明的独特风采，从而使读者对民族文化精神有进一步的认识。

尚书

周易

诗经

孙子/孙武

老子/老聃

春秋/孔子

仪礼

论语

考工记

左传/左丘明

国语/左丘明

吴子/吴起

墨子/墨翟

商君书/商鞅

孟子/孟轲

庄子/庄周

楚辞

公孙龙子/公孙龙

荀子/荀况

孝经

吕氏春秋/吕不韦

韩非子/韩非

周礼

山海经

管子

尔雅

黄帝内经

战国策

难经

神农本草经

礼记/戴圣

公羊传/公羊寿，胡母子

谷梁传/谷梁子

春秋繁露/董仲舒

淮南子/刘安

史记/司马迁

盐铁论/（西汉）桓宽

九章算术

列女传/刘向

方言/扬雄

论衡/（东汉）王充

汉书/班固

白虎通义/（东汉）班固

周易参同契/(东汉)魏伯阳

说文解字/(东汉)许慎

太平经

释名/刘熙

伤寒论/张仲景

风俗通义/(东汉)应劭

老子注/王弼

嵇康集/(三国魏)嵇康

脉经/(西晋)王叔和

三国志/陈寿

博物志/(西晋)张华

抱朴子/葛洪

搜神记/(东晋)干宝

华阳国志/(东晋)常璩

陶渊明集/陶渊明

肇论/(东晋)僧肇

世说新语/刘义庆

后汉书/(魏晋)范晔

宋书/沈约

诗品/(南朝齐梁间)钟嵘

文心雕龙/(南朝齐梁间)刘勰

南齐书/萧子显

水经注/(三国)郦道元

文选/萧统

齐民要术/(北魏)贾思勰

魏书/魏收

颜氏家训/颜之推

诸病源候论/巢元方等

梁书/姚思廉

北齐书/李百药

陈书/姚思廉

周书/令狐德棻等

隋书/(唐)魏征等

晋书/房玄龄

大唐西域记/(唐)玄奘

五经正义/孔颖达

唐律疏议/(唐)长孙无忌

备急千金要方/孙思邈

书谱/(唐)孙过庭

坛经/惠能

开元占经/(唐)瞿昙悉达

史通/(唐)刘知几

贞观政要/(唐)吴兢

茶经/(唐)陆羽

王右丞集/王维

李太白集/(唐)李白

杜工部集/(唐)杜甫

通典/杜佑

元和郡县志/李吉甫

河东先生集/柳宗元

昌黎先生集/(唐)韩愈

白香山集/(唐)白居易

历代名画记/(唐)张彦远

新唐书/欧阳修

旧唐书/(后晋)刘昫等

旧五代史/薛居正

新五代史/欧阳修

欧阳文忠公集/欧阳修

周濂溪集/周敦颐

资治通鉴/司马光

乐府诗集/郭茂倩

梦溪笔谈/沈括

新仪象法要/苏颂

乐书/(北宋)陈旸

东坡集/(宋)苏轼

二程全书/程颢,程颐

营造法式/李诫

金石录/赵明诚

农书/(南宋)陈旉

李清照集/李清照

通志/郑樵

通鉴纪事本末/袁枢

四书集注/朱熹

象山先生全集/陆九渊

容斋随笔/洪迈

稼轩词/辛弃疾

陆放翁集/陆游

洗冤集录/宋慈

数书九章/(南宋)秦九韶

朱子语类/(南宋)朱熹著;(南宋)黎靖德编

三字经/王应麟

格萨尔王传

农桑辑要/(元)司农司编修

蒙古秘史

授时历/郭守敬

文山先生全集/文天祥

窦娥冤/关汉卿

西厢记/王实甫

四元玉鉴/朱世杰

文献通考/马端临

饮膳正要/(元)忽思慧

金史/脱脱

宋史/脱脱

辽史/脱脱

元史/宋濂

水浒传/施耐庵

三国演义/罗贯中

传习录/王守仁

本草纲目/李时珍

西游记/吴承恩

金瓶梅/兰陵笑笑生

菜根谭/(明)洪应明

焚书/(明)李贽

三言/冯梦龙

二拍/(明)凌濛初

桔中秘/(明)朱晋桢

园冶/计成

天工开物/宋应星

农政全书/徐光启

徐霞客游记/徐宏祖

明夷待访录/黄宗羲

印人传/周亮工

芥子园画传/王概等

读史方舆纪要/顾祖禹

日知录/顾炎武

读通鉴论/王夫之

古文观止/吴楚材,吴调侯

尚书古文疏证/阎若璩

聊斋志异/(清)蒲松龄

康熙字典/陈廷敬等

数理精蕴/梅珏成等

古今图书集成/陈梦雷

西南彝志/热卧慕史

明史/张廷玉

大清一统志/方苞等

儒林外史/吴敬梓

唐诗三百首/孙洙

弈理指归/施定庵

红楼梦/曹雪芹

四库全书总目/纪昀等

畴人传/阮元等

文史通义/章学诚

龚自珍全集/龚自珍

海国图志/魏源

曾国藩全集/曾国藩

书目答问/张之洞

古谣谚/(清)杜文澜

新学伪经考/康有为

盛世危言/郑观应

藏书纪事诗/叶昌炽

马氏文通/(清)马建忠

天演论/赫胥黎著;严复译

訄书/章太炎

革命军/邹容

人间词话/王国维

殷墟书契考释/罗振玉

建国方略/孙中山

书林清话/叶德辉

清代学术概论/梁启超

尝试集/胡适

东西文化及其哲学/梁漱溟

女神/郭沫若

阿Q正传/鲁迅

独秀文存/陈独秀

清史稿/赵尔巽等

先秦诸子系年/钱穆

社会学大纲/李达

新理学/冯友兰

新民主主义论/毛泽东

古史辨/顾颉刚等

八、影响世界的书

书籍正是一切知识的泉源，各种科学的开端。一个人和书籍接触得越亲密，他便愈加深刻地感到生活的统一，因为他的人格复杂化：他不仅用他自己的眼睛观察，而且运用无数心灵的眼睛，由于他们这种崇高的帮助，他将怀着挚爱的同情踏遍整个世界。

——　奥地利作家茨威格

109. 影响历史进程的100本书（节选）

苏浙生编著，上海：文汇出版社，1992年10月。

入选的100本书“主要是那些对人类追求真理有永恒贡献的巨著，是那些对历史重大事件或多数人的思想产生过深远影响的伟著。”

老子/老子

孙子兵法/孙子

论语

史记/司马迁

资治通鉴/司马光

明夷待访录/黄宗羲

大同书/康有为

三民主义/孙中山

新民主主义论/毛泽东

建设有中国特色的社会主义/邓小平

齐民要术/（北魏）贾思勰

梦溪笔谈/沈括

本草纲目/李时珍

徐霞客游记/徐宏祖

三国演义/罗贯中

阿Q正传/鲁迅

110. 世界100名著排行榜（节选）

《世界100名著排行榜》，胡艳红等编著。北京：中国经济出版社，1994年1月。

本书编者“依据一定的标准”(未说明是什么标准),将古今中外名著作了个排行,并对这100部曾对人类进程产生过深远影响和重大作用的名著进行了介绍。至于排行的标准,正如《编后记》中写到的“它仅仅代表编著此套丛书的诸君(也许能代表绝大多数读者)的观点”。本书公布的“世界100名著排行榜”中中国经典部分如下:

新民主主义论/毛泽东

三民主义/孙中山

孙子兵法/孙子

论语

史记/司马迁

红楼梦/曹雪芹

齐民要术/贾思勰

111.二百部世界名著展评(节选)

《200部世界名著展评》,杨政编著。重庆:重庆大学出版社,1994年7月。

作者挑选的这张书单,主要是文、史、哲等社会科学著作。包括童话·神话·寓言、奇幻·冒险、诗歌、历史·人物传记、科学著作、小说、戏剧、哲学和其他等9类，涵盖了人类几千年的文明，是一笔巨大的人类精神财富。

山海经

西游记/吴承恩

聊斋志异/蒲松龄

三侠五义/石玉昆，问竹主人

诗集传（诗经）

屈原赋注/戴震

陶渊明集/陶渊明

李白集校注/瞿蜕园，朱金城

杜诗详注/仇兆鳌

苏轼诗集/孔凡礼点校

苏轼文集/孔凡礼点校

乐府诗集/郭茂倩

唐诗三百首（孙洙）附全唐诗（彭定求等）

全宋词/唐圭璋

左传/左丘明

战国策

史记/司马迁

资治通鉴/司马光

世说新语/刘义庆

太平广记/(宋)李昉等

喻世明言/冯梦龙

警世通言/冯梦龙

醒世恒言/冯梦龙

水浒传/施耐庵

三国演义/罗贯中

金瓶梅/兰陵笑笑生

红楼梦/曹雪芹

儒林外史/吴敬梓

野叟曝言/夏敬渠

窦娥冤/关汉卿

西厢记/王实甫

牡丹亭/汤显祖

论语

道德经(即老子)/老子

庄子/庄子

孟子/孟子

韩非子/韩非

文选/萧统

徐霞客游记/徐宏祖

古文观止/吴楚材,吴调侯

鲁迅全集/鲁迅

吾国与吾民/林语堂

生活的艺术/林语堂

九章算术·注/刘徽

海岛算经/刘徽

梦溪笔谈/沈括

畴人传/阮元等

112.文明通鉴(节选)

《文明通鉴》,范勇等编,中国文史出版社,1997年版。

该书分上下两卷,分别收录东方文明经典和西方文明经典,共计200篇。这两百篇文献,有些选自单篇文章,有些辑自某部著作。但编者对选辑的标准未作说明,大多不注明出处或原书版本,外国文献亦不注明译者。

尚书

道德经/老子

周易

论语

大学

中庸

墨子/墨子

庄子/庄子

孟子/孟子

荀子/荀子

韩非子/韩非

列子

管子

孙子兵法/孙子

尉缭子/(战国)尉缭

孝经

淮南子/刘安

论衡/王充

周易参同契/(东汉)魏伯阳

抱朴子/葛洪

神灭论/(南朝齐梁)范缜

摩诃止观/(隋)智顗

六祖坛经/惠能

太上感应篇/(宋)李昌龄

二程全书/程颢,程颐

朱子全集

焚书/李贽

菜根谈/(明)洪应明

潜书/(明)唐甄

资政新篇/洪仁玕

大同书/康有为

革命军/邹容

三民主义与中国前途/孙中山

再论问题与主义/李大钊

新文化运动是什么/陈独秀

文化偏至论/鲁迅

我之节烈观/鲁迅

中国文学过去与来路/胡适

实践论/毛泽东

113. 影响人类的一百本书(节选)

《文化的力量——影响人类的一百本书》,李小兵主编,团结出版社,1999年3月。

该书选取中外100部著作,对著作的作者生平、成书背景、内容与历史影响加以介绍,以期人们在较短的时间内,“就能够了解中外古今的近百位伟大的思想家思想精华的基本轮廓。这正是一种现代人最需要的精神的、灵魂的文化快餐和文化套餐。”(《文化的力量·序》)

这本书在选目上大有可商之处。首先,不选文学作品,主要选取哲学和政治方面的著作。其次,在中国著作方面,先秦有七本书入选,其后两千余年间,只选了孙中山、毛泽东和邓小平的著作。本书主编在书序中记述他与儿子一起读朱自清的《经典常谈》时说:“我们从开篇的《说文解字》,读到了邻近结束的《汉书史记》。”但《经典常谈》对这本书的选目并没有产生影响,《史记》、《汉书》及朱熹等人的作品均未选录。

周易

孙子兵法/孙子

老子/老子

论语/孔子

墨子/墨子

孟子/孟子

荀子/荀子

解放思想,实事求是,团结一致向前看/邓小平

114.影响历史的百部经典(节选)

《阅读世界——影响历史的百部经典》,余志森、张海英主编,文汇出版社,2000年1月。

全书选录中外百余部有影响的经典著作,先介绍著作的作者、成书背景和影响,继之是原著精彩片段的摘录。关于"经典",编者在该书的《前言》中做了这样的阐说:"这些经典作品之所以被称为经典,是因为它们曾经让读者和受众深深为之感动,对他们的精神世界产生过重大的影响,这种影响甚至一直延续到今天;是因为它们改变了一个地区、一个国家甚至整个世界的历史的发展进程,尽管这种改变有时要等上几十、几百年才能显露出来;经典之所以被称为经典,还因为它不同于时尚和流行,后者虽能畅销一时,但有时却经不起时间的冲刷,而我们的经典,或许并不张扬,然能潜移默化,让你在不知不觉中感受它巨大的影响力。"

诗经

论语/孔子

孙子兵法/孙子

道德经/老子

南华经/庄子

周易

史记/司马迁

梦溪笔谈/沈括

三国演义/罗贯中
水浒传/施耐庵
西游记/吴承恩
徐霞客游记/徐霞客
天工开物/宋应星
红楼梦/曹雪芹
阿Q正传/鲁迅

115.世界最伟大的三十份文献(节选)

美国麦克劳—希尔公司出版了一部名为《世界伟大文献汇编》的书,费特利克·凯尔主编,选收全世界范围内最重要的文献三十种。

中国致世界各国宣言/孙中山

116.为西方读者推荐的中国古代典籍(节选)

《中国古代典籍导读》,(英国)鲁惟一(LOEWE,M.)主编;李学勤等译,沈阳:辽宁教育出版社,1997年12月出版。

英国剑桥大学著名汉学家鲁惟一博士主编的《中国古代典籍导读》,是1993年由古代中国研究会和美国加利福尼亚大学伯克莱分校东亚研究所出版的,在西方已经甚为风行。本书原来旨在为英语读者指点门径，书中比较详尽地论述了中国汉末以前成书的各种典籍，并介绍西方及日本研究这些典籍的成果，对中国读者也会有很大的裨益。

战国策

潜夫论/王符

九章算术

周礼

周髀算经

竹书纪年

楚辞

庄子/庄子

《春秋》及其三传

春秋繁露/董仲舒

中论/（三国）徐干

尔雅

法言/扬雄

风俗通义/应劭

汉纪/荀悦

韩非子/韩非

韩诗外传/（汉）韩婴

汉书/班固

鹖冠子/（战国）鹖冠子

孝经/（战国）

新序/（西汉）刘向

新论/桓谭

新书/贾谊

新语/陆贾

荀子/荀子

淮南子/刘安

黄帝内经

易经

逸周书

仪礼

管子

公孙龙子/公孙龙

孔子家语

国语/左丘明

老子/老子

礼记/戴圣

列子

论衡/王充

论语

吕氏春秋/吕不韦

孟子/孟子

墨子/墨子

穆天子传

白虎通/班固

山海经

商君书/商鞅

尚书

申鉴/(东汉)荀悦

申子/(战国)申不害

慎子/(战国)慎到

史记/司马迁

诗经

释名/刘熙

说文解字/许慎

说苑/刘向

孙子兵法/孙子

大戴礼记/(西汉)戴德

太玄经/(西汉)扬雄

独断/(东汉)蔡邕

东观汉纪

吴越春秋

晏子春秋

盐铁论/桓宽

越绝书